세상을 감당하는 믿음의 훈련

| 한인호 수필집 |

세상을 감당하는 믿음의 훈련

머리말

나는 주의 종이 되고 싶었다. 나의 젊음이 한창 무르익어가던 그 즈음에, 그래서 앞으로의 기대로 가슴을 채우던 그 즈음에, 나는 서원(誓願)의 기도를 올렸다. 그것은 분명 나의 삶을 향한 하나님의 부르심이었다. 그래서 나는 내 삶의 모든 것을 헌신하며 앞으로 나아갔다.

나는 주의 종의 삶을 살기 위해 기존의 모든 것을 기꺼이 버리려 하였다. 우선 세상의 직업을 버렸고, 과거 삶의 방식을 버렸고, 새로이 다가오는 삶을 받아들이려 하였다. 그래서 내 마음은 들떴고 앞으로의 삶에 대한 기대를 가졌었다. 곧 어려움이 다가왔지만 이런 어려움 정도는 능히 감당할 수 있다고 생각했고, 나의 삶 위에 하나님의 은혜가 있을 것을 기대하였다. 그 때 나는 젊었고 용기가 있었다.

그러나 이제 와 생각하니 그것은 너무나도 순진한 생각이었다. 시간이 흐르고 나이를 먹어가면서 삶이 힘들어지고 점점 더 어려워지고 모든 것이 막혀있는 것을 경험하게 되었고, 앞으로의 가능성으로부터 철저히 배제되어 있다는 것을 나는 알게 되었다. 그 때 나의 마음은 답답해졌고, 힘들어 했고, 놀라지 않을 수 없었다. 여기에서 나는 과연 어떻게 해야 할 것인가를 생각했고, 깊이 고민했고 슬퍼해야만 했다.

요한복음 9장에는 날 때부터 맹인이 된, 그래서 구걸하며 살아갈 수밖에는 없는, 처음부터 불행을 안고 태어난 맹인 거지 바디매오에 대한 이야기가 실려 있다. 예수님의 제자들은 이 사람이 가진 불행의 원인은 바로 죄 때문인 것으로 생각하였다. 그래서 이 사람의 이러한 불행이 이 사람 본인의 죄 때문인지, 아니면 그의 부모의 죄 때문인지를 묻고 있다. 그런데 예수님은 여기서 전혀 새로운 말씀을 제시하신다. 그것은 하나님께서 그를 통해서 하실 일을 위해서라는 것이다.

나는 이 말씀을 가지고 깊이 오랫동안 생각했다. 이 말씀은 모든 사람들이 기정사실화하는 극심한 불행의 현실에서 전혀 새로운 희망을 창출해내는 말씀이기 때문이다. 과연 나에게도 희망은 있는 것인가? 나를 향해 하나님께서는 뭐라고 말씀하시는가? 나는 하나님을 의지해서 이 어려움을 감당해 나갈 수 있을 것인가? 그것은 가능한 일인가?

나는 모든 것이 막혀있는 중에서 주님의 말씀과 직분에 대한 명령 이것 하나만 붙들었다. 나는 오직 이것 하나만을 가장 소중히 생각하고 나머지 삶에 주어지는 모든 어려움들을 가급적 외면하면서 살려고 하였다. 당연하게도 나의 삶은 힘들어졌고 나의 가족들, 특히 나의 두 아이들이 너무나도 힘들어 했다. 나의 아내는 그렇게 힘든 중에서도 내게 큰 위로와 지탱해 주는 힘이 되었다.

오늘의 이 시대는 한마디로 혼란의 시대이다. 그동안 세상을 지탱해 주던 윤리의 기둥들이 허물어지고 사람의 양심이 마비되어서, 자기 목적을 위해서라면 그 어떤 일이라도 할 수 있는 시대가 되었다. 소돔과 고모라 보다 더 악한 시대가 되었고, 고통하며 신음하는 시대가 되었다. 소금이 그 맛을 잃으면 길에 버려져서 사람들에게 밟힌다. 과연 이 시대는 양심을 소중하게 생각하는 주의 종과 성도들을 찾기 어려운 시대가 되었다.

그렇지만 반대로 오늘의 이 시대는 양심 있고 용기 있는 자들의 시대라고 나는 생각한다. 죄악의 어두움이 깊어갈수록 한 개의 불빛이 더욱 소중하기 때문이다. 하나님께서는 언제나 시대의 어두움이 절정에 달할 때에 새로운 시대를 시작하시고 새 일꾼을 세우신다. 과연 이 시대는 추수할 일꾼이 부족한 시대인 것이다. 정직하고 충성된 일꾼을 부르는 시대이다(마 9:37-38).

나는 이 시대를 위하여 하나님께서 나를 그렇게 철저하게 붙들고 준비하게 했다고 생각한다. 이 책에 담겨있는 이야기들은 대부분 내 신앙과 삶에서 가장 어려웠던 때의 일들로 구성되어 있다. 그 어려움 속에서 나는 가슴 아파했고 놀랐고 좌절했다. 그러나 그 모든 일들은 과정이었다. 나는 언제나 하나님의 손 안에 있었고, 주 안에서 만들어져 가고 있었다.

목차

목차

—

제5장 신앙은 삶이 되어야 한다

제6장 신앙의 기초는 성숙한 인격이다

목차

—

제7장 신앙은 미래지향적이다

제1장

완성을 위한 준비는 아름다운 과정이다

내가 지내온 날들은 혹독했다
우리에게는 아직 침묵해야만 할 때가 있다.
이스라엘 군대의 최소단위는 10명이다
왜 모세는 40년 동안이나 기다려야만 했는가?
우리에게는 희망의 믿음이 필요했다
위로의 사과 한 상자
신앙을 지도한다는 사람의 행동

세상을 감당하는 믿음의 훈련

내가 지내온 날들은 혹독했다

나는 대학을 다닐 때 즈음에 장차 주의 종이 되겠다는 서원(誓願)을 하였다. 생각해보니 그 때는 젊었고 모든 일에 의욕과 자신감이 넘쳐나던 시기였다. 나는 대학에서 경영학을 공부하였고 인사, 노무관리 쪽에 관심을 가졌다. 건설회사의 직원으로 일하던 약 6년 동안은 세상을 경험하는 기간이 되었다. 나는 본사 해외인력부에서 2년 반 동안 근무한 후 중동(中東)으로 출국하여 사우디아라비아의 본부와 현장의 노무관리 파트(part)에서 약 3년 동안 근무하였다. 그런 다음 귀국하여 본사 인사과에서 약 1년 정도 근무하고 퇴직했다.

내 나이 35세 되던 해에 나의 목회자로서의 생활은 시작되었다. 처음부터 나는 그저 평범하고 순탄한 목회자의 삶을 살게 되기를 기대하였다. 그러나 많은 시간이 지난 후에 생각해보니 그것은 너무나 순진한 생각이었다. 일은 생각처럼 그렇게 쉽게 돌아가지 않았기 때문이었다. 나는 목회자로서 어느 정도 장래가 보장된 길을 선택하려고 하였다. 한국 교계에서 인정받는 큰 교단의 목사후보생으로 소속하게 되었고, 그 교단 신학대학원에 입학하려 하였다. 그러나 입학시험에 합격하였는데도 등록금을 마련하지 못하여 입학이 좌절되었는데, 그것은 나의 목회연단을 위한 하나님 섭리의 본격적인 시작이었다.

그 후 나는 할 수 없이 대한예수교 장로회란 이름의 군소교단에서 목사임직을 받았다. 그리고 그 즈음에 나는 충청남도 아산시의 어느 농촌마을에 교회를 개척하여 시무하였다. 나는 최선을 다하여 일하였고, 어찌하든지 그 지역을 복음화하고 교회부흥의 기반을 다지려고 노력하였다. 그러나 일은 생각처럼 쉽게 돌아가지 않았다. 성도들의 숫자는 만족스러운 수준을 결코 넘길 수 없었고, 교회부흥은 확실히 어떤 분명한 한계를 가지고 있다는 것을 나는 그때 느꼈다. 그리고 그 이후 나와 나의 가족은 참으로 견디기 어려운 혹독한 시련의 기간들을 지내야만 했다.

내가 목회자로서 준비되어 온 과정은 다른 사람들과는 전혀 달랐고 매우 특이했다. 그렇기 때문에 나와 내 가족들이 그동안 지내온 날들은 한 마디로 너무나 혹독했다. 매우 오랜 동안 나와 가족들은 평범한 목회자가 당연히 누리는 모든 세상의 혜택으로부터 거의 철저하게 단절된 가운데 지내 왔다. 현실의 어려움이 힘겹게 눌러오는 중에서도 사명을 붙드는 것이 내게 지워진 준비의 시련과정이었다. 그리고 그 무엇보다도 나의 아이들이 힘들어하고 아이들을 학교에 보내는 일이 불가능하다고 생각되어졌을 때 나는 너무나도 좌절했고 가슴이 아팠었다.

하나님께서 나를 주의 종으로 부르신 것은 확실한데 나의 목회는 왜 이렇게 철저히도 막혀 있고 극심히도 어려운 것인가? 이것이 내가 매우 오랜 동안 마음속에 품었던 의문이었다. 삶을 지탱해 나가는 것이 힘들어지고 앞이 보이지 않는 현실들을 만나게 되면서 나는 마음 아파했고 어찌해야 할지를 몰라 했다.

하나님은 때로 우리에게 견디기 힘든 환경을 주시고 또 오랫동안 침묵하시는 것 같이 보이게도 하신다. 그러나 그 때는 우리를 만드시는 때라는 것을 우리는 꼭 기억해야 한다. 우리의 믿음이 어떠한지 우리가 진정으로 주를 사랑하는지 그렇지 않은지 하나님은 우리 마음속의 가장 깊은 곳을 들추어내신다. 그 때야말로 진정 우리가 믿음을 지켜야 하는 때라고 나는 생각한다. 왜냐하면 우리의 모든 생각과 행동은 낱낱이 하나님 앞에 있으며, 하나님께서는 우리의 아주 작은 부분까지를 시험하시고 판단하시기 때문이다.

나는 그 어려운 시련의 과정들을 지내면서 생명을 지탱해 주는 것은 사명이라는 것을 깊이 깨달았다. 사람은 그저 돼지처럼 먹기 위해 사는 것이 아니라, 자신의 할 일을 다하기 위해 생명을 유지하고 있다. 그러기에 우리는 삶에서 언제나 하나님의 임재 앞에 있다는 의식(意識)을 가져야 한다. 나는 그동안 내게 주어진 연단의 과정을 통하여, 앞으로의 시대에는 신앙과 사명을 생명처럼 소중히 여기려는 자세가 그 어느 때보다도 요청된다는 것을 알게 되었다.

이 시대는 결실의 시대이다. 알곡과 쭉정이를 분리하는 시대이기 때문에 우리가 신앙과 세상 이 두 가지를 적당히 함께 유지할 수는 없다. 신앙을 소중히 여기고 이 세상의 생명을 기꺼이 버리려 하는 사람만이 신앙을 유지할 수 있는 시대이다. 나는 분명히 이 시대의 사명을 위해 하나님의 손 안에서 철저히 준비되어 온 것이라고 생각한다.

우리에게는 아직 침묵해야만 할 때가 있다

우리는 우리 자신의 입장을 주위의 사람들이 이해하고 알아주기를 매우 원하는 경향이 있다. 그래서 우리는 우리의 처지와 생각을 주변의 사람들에게 알리는 것을 좋아한다. 우리는 이웃과의 대화(對話)와 교제(交際)가 단절된 상태에서는 살아갈 수 없다. 왜냐하면 우리 각자는 동떨어진 존재가 아니라, 사람들 사이에서 만남을 나누며 서로 부대끼면서 살아야 하는 존재이기 때문이다.

그러나 우리에게는 때로 침묵해야만 하는 어려움도 주어진다는 것을 이해할 수 있어야 한다. 한 마디로 말하면 그 때는 하나님께서 우리에게 침묵을 명령하시는 때라 할 수 있다. 그 때에는 우리의 모든 말과 행동들이 주변의 모든 사람들에게 하나같이 불신(不信)되고 외면을 당하고 설득력을 잃어버리게 되기 때문에, 그러한 때에 우리는 더 이상의 힘을 소모하지 말고 입을 다물어야만 한다. 그 때 우리 마음속에는 불신감, 소외감, 좌절감과 함께 주변의 사람들에 대한 원망과 분노의 격한 감정이 일어나게 되기도 한다. 그리고 그 때 우리는 무엇보다도 깊은 신앙의 의문을 마음속에 가지게 된다.[1)]

나는 목회자의 생활을 시작한 다음 하나님께서 주시는 너무 길고도 힘든 시련들 때문에 마음의 깊은 상처와 고통을 경험해야만 했다. 주님의 부르심을 따라서 목회의 길에 헌신하기만 하면 모든 일들이 형통케 될 것이라는 나의 예상(豫想)은 완전히 빗나갔다. 아무리 수고해도 좋은 결과가 나타나지 않는 상황에서도 낙심하지 않을 사람은 아무도 없을 것이다. 나의 목회는 이렇게 처음부터 좌절의 연속이었고, 그 어려움의 끝이 전혀 보이지 않았다. 시간은 흘러서 내 인생의 가장 소중한 기간인 30대와 40대 그리고 50대를 헛된 수고로 허비한 것 같이 보였다. 나의 두 아이들이 유치원에 들어가던 해에 시작된 목회 생활은 이제 아무런 성과도 없이 아이들이 대학에 진학해야 하는 숨 막히는 위기감을 내게 가져다주었다. 나는 인생에서 실패의 쓰라린 결과를 얻게 되었다는 것을 부인(否認)할 수 있는 방법이 전혀 없어 보였다. 나와 아내의 삶은 그렇다 할지라도 새로이 자라나는 아이들의 장래에까지 커다란 좌절과 상처를 주어서는 안 되겠다는 생각이 들었다.

그 즈음에 나의 모든 말과 행동은 주변의 사람들에게 완전히 설득력을 잃어버렸다. 나는 모든 사람들로부터 외면을 당하였고, 가까이 지

---

1) 사람이 자기가 범한 죄로 인해 고난을 만나게 된다고 생각하는 것은 고난에 대한 전통적인 이해이다. 따라서 우리는 고난을 만날 때마다 자기의 잘못이 무엇인가를 생각하며 회개에 이르려고 힘쓰게 된다. 그러나 의로운 사람이 이유를 알지 못하고 만나게 되는 고난의 개념도 성경에는 매우 보편적으로 나타난다. 시편 44편에서 우리는 고난의 이유를 알지 못해서 힘들어하는 시인의 고백을 보게 된다.

과거의 영광과 현재의 치욕을 어떻게 이해해야 하는가? 신명기 신학에 따르면, 현 상황은 백성들이 언약을 깨뜨리고 하나님의 심판을 받는 것으로밖에 해석할 수 없다. 그러나 내 양심을 다 뒤져보아도 나는 주의 언약을 어기지 않았다. "이 모든 일이 우리에게 임하였으나 우리가 주를 잊지 아니하며 주의 언약을 어기지 아니하였나이다 우리 마음이 퇴축치 아니하고 우리 걸음도 주의 길을 떠나지 아니하였나이다"(시 44:17-18). : 김정우, 『시편강해 II』 (서울: 도서출판 엠마오, 1995). pp.280-281.

내던 사람들과의 교제도 다 끊어지게 되었다. 더구나 나의 소중한 아이들과 사랑하는 아내로부터 받는 불신감과 외면감은 나의 마음을 참으로 아프게 했다.

사람들은 누구든지 겉으로 나타나 보이는 외부적인 것으로 모든 일들을 평가하려는 경향이 있다. 과정보다도 결과를 더 중시하기 때문에, 사람들은 좋은 결과를 얻기 위하여 수단과 방법을 가리지 않게 되기도 한다. 그렇기 때문에 다른 사람의 내면적인 성실성에 관심을 기울일 사람은 아무도 없고, 이런 현상은 신앙인에게 있어서도 결코 예외가 아니다. 겉으로 입증(立證)할 수 있는 이렇다 할 무언가를 보여줄 수 없는 사람의 말은 무관심의 대상이 되기 마련인 것이다.

그러한 때에 우리는 입을 다물어야 한다. 그 때는 바로 하나님께서 우리에게 아직은 침묵할 것을 명령하는 때인 것이다. 그 때 주변의 사람들을 설득시키려는 노력은 헛된 수고가 되기 쉽기 때문에, 우리는 오히려 힘을 아껴야만 한다. 그러한 때에 우리는 불성실하거나 무성의한 사람으로 인식되기도 하고, 온갖 오해와 비난의 대상이 되기도 한다. 그러할지라도 그 때는 바로 하나님께서 명하시는 인내의 때라는 것을 기억하여야 한다. 깊은 밤의 어두움이 지나고 밝은 새날이 동터올 때까지 우리는 오직 외로움 속에서 믿음을 가지고 기다려야 한다.

이스라엘 군대의 최소단위는 10명이다

목회자로서의 내 생활은 매우 오랜 동안 어려운 지경을 헤매었다. 누구든지 자기가 하는 일에 성급한 의욕을 가지는 것은 당연하다 할 것이다. 기대가 크면 그만큼 실망이 큰 것이라고 누가 말했던가. 성급한 나의 수고가 여지없는 좌절과 낙심으로 돌아오는 과정을 수없이 반복하면서, 나는 나의 목회를 하나님께서 어느 정도로 한정(限定)하고 계신다는 것을 알게 되었다. 아무리 수고해도 좋은 결과가 나타나지 않는 사정(事情)은 사람을 실망시키고 의욕을 빼앗아가기에 충분하였다. 그러나 그것은 나를 만들어 가시는 하나님의 은혜롭고 강한 손길이었다.

쉬운 성공이 오히려 사람을 망치게 할 수도 있다. 신앙은 세상과 물질의 한계를 넘어서는 것이기 때문에 더욱 더 그러하다. 영혼을 살리고 양육하는 하나님 나라의 일은 세상의 정신(精神)으로 경영(經營)될 수 있는 것이 결코 아니라 할 수 있겠다. 그 때문에 하나님 나라의 일꾼으로 부름 받은 사람이라면 누구든지 힘들고 지루한 준비와 연단의 과정을 꼭 거쳐야만 하는 것이라고 나는 생각한다.

세상적이고도 인간적인 성급한 의욕을 억제하는 일로 나의 연단은 시작되었다. 생계의 어려움이 매우 힘들게 닥쳐오는 사정에서도 하나님께서는 내게 무한정의 기다림을 요청하셨다. 처음에 그것은 내게 죽음과도 같은 위협이 되었다. 급박한 위기 앞에서도 나는 하나님의 일하심을 기다리는 법을 배워야 했고, 차츰 하나님의 일하심에 내 생명과 생활의 모든 것을 맡기는 사람으로 변화되어 갔다. 그리고 그 결과는 내게 분명히 새로운 삶의 지평(地平)이 되었다. 세상에서 모든 것을 잃어도 그 모든 것들은 주님 안에서 새로이 공급되었고, 만나게 되는 모든 힘든 일들을 주님을 의지하여 능히 감당할 수 있게 되었다.

매우 오랜 동안 나의 목회(牧會)는 교인 열 명을 결코 넘길 수 없는 한계적 사정 가운데 있었다. 내게 주어진 열 명이라는 숙명적 한계는 과연 어떤 의미를 가지는가? 그 같은 답답한 일은 수고나 열심이 부족해서 생긴 현상이 아니라는 것을 한참 나중에야 알게 되었다. 그것은 하나님께서 나를 아직도 온전한 일꾼으로 보지 않으신다는 표시(表示)였다. 나는 그렇게 오랜 동안을 온전한 일꾼의 자리에 오르지 못하고 있었고, 다만 일꾼 후보생으로 준비되고 있었던 것이다.

하나님께서 소돔과 고모라를 멸망하려 하실 때에 자신의 계획을 아브라함에게 알리셨다(창 18:20-33). 그때 아브라함은 하나님께 간청하였다. "그 성에 만일 의인(義人) 50명이 있을지라도 그 성을 멸하시겠습니까? 의로우신 하나님이 의인을 악인과 함께 멸하는 것은 합당치 않은 일입니다." 그 성에서 만일 의인 50명을 찾는다면 그 의인 50명으로 인하여 그 성 전체를 구원하실 것이라고 하나님은 약속하셨다. 아브라함은 다시 하나님께 간청하였다. "만일 그 50명 중 5명이 부족하다면 어찌하시겠습니까?" 그 성에 의인 45명이 있을지라도 하나님은 그 성을 구원하실 것이라고 말씀하셨다. "만일 그 성에 의인 40명이 있다면 어찌하시겠습니까?"라고 아브라함은 다시 하나님께 물었고, 하나님은 그래도 그 성을 구원하신다고 말씀하셨다. 아브라함의 간청은 계속되었다. 의인 30명이 있어도 그 성은 구원을 받을 것이고, 의인 20명이 있어도 그 성은 구원을 받을 것이며, 만일 의인 10명이 있어도 그 성은 안전할 것이라고 하나님은 말씀하셨다. 그렇지만 그 성에는 10명의 의인이 없었고, 그래서 그 성은 멸망을 피할 수 없었다.

그 성읍의 구원을 위하여 왜 아브라함은 더 간청할 수 없었는가? 그렇게도 집요한 아브라함의 간청은 왜 의인 10명의 수준에서 멈출 수밖에는 없었는가? 9명, 8명, … 그리고 1명까지 그의 간청은 왜 계속되지 않았는가? 그것은 10명 미만의 의인으로는 그 성읍을 구원하는 일이 불가능하기 때문이었다. 그만큼 그 성은 철저히 타락하고 부패했던 것이었다. 진정한 소수(小數)는 매우 소중한데 이는 그들의 일함이 매우 기적 같은 결과를 가져올 수 있기 때문이다. 그럼에도 불구하고 10명이 채 못되는 의로운 사람의 힘으로 부패하고 타락한 소돔과 고모라를 구원하는 일은 불가능한 일이었다. 이 때문에 하나님은 그 성읍을 멸한 것이었다.

이스라엘 군대의 최소단위는 열 명으로 구성된다. 따라서 이스라엘 군대의 지휘자는 십부장으로부터 시작된다. 우리는 성경에서 십부장, 오십부장, 백부장, 천부장이라는 단어들을 만나게 된다. 십부장보다 더 낮은 단위의 지휘자는 없다. 최소한 열 명의 성인 남자가 모여야만 전쟁을 수행하는 군대의 최소단위를 형성할 수 있는 것이다. 유대인의 회당예배는 성인 남자 열 명의 회집으로 시작된다고 한다. 아홉 명으로는 랍비가 예배를 시작할 수 없다. 열 명이 모여야만 비로소 랍비는 예배를 시작할 수 있다고 한다. 예배를 마칠 때도 마찬가지이다. 열 명에서 아홉 명으로 되는 때에 예배는 자동적으로 마치게 된다고 한다.

나는 열 명이라는 숫자가 가지는 이런 깊은 의미를 알지 못하였었다. 하나님께서 매우 오랜 동안 나의 목회를 열 명 미만으로 제한하신 것은 그 동안에 나를 온전한 일꾼으로 여기신 것이 아니었다. 매우 오랜 동안 나는 일꾼의 충분한 자격을 갖추지 못하였고, 다만 일꾼이 되기 위해 준비되는 후보생에 불과하였다. 세상의 학문이나 기예를 배우기 위해서도 훌륭한 스승을 모시고 사사(師事)하는 일이 매우 어렵다고 했던가? 나는 이렇게 오랜 동안 10이라는 숫자의 의미를 깊이 연구(硏究)해야만 했었다.

왜 모세는 40년 동안이나 기다려야만 했는가?

우리는 하나님의 종 모세에 대해 잘 알고 있다. 그는 이스라엘 민족을 애굽의 종살이에서 해방하여 광야를 건너서 약속의 땅 가나안까지 인도한 하나님의 큰 종이다. 하나님께서 모세와는 특별히 대면(對面)하여 말씀하실 정도로 그는 매우 사랑 받는 일꾼이었다. "사람이 자기의 친구와 이야기함 같이 여호와께서는 모세와 대면하여 말씀하시며"(출 33:11).

모세는 출생과 성장과정에서부터 벌써 하나님의 섭리 가운데 있었다. 그는 남자 아이가 태어나면 모두 죽이라는 바로 왕의 엄한 명령이 시행되던 시대에 출생하였고, 버림받은 나일강물 위의 갈대상자에서 바로 왕의 공주에 의해 기적적으로 건짐을 받았고, 애굽의 왕궁에서 엘리트의 교육을 받으며 성장하였다. 그는 친어머니인 요게벳에 의해 히브리인의 교육을 받았고, 동족인 히브리인의 해방을 위해 부름 받은 하나님의 일꾼으로써의 꿈을 키우며 성장하였다.

공자(孔子)는 15세에 학(學)에 뜻을 두고, 30세에 서고, 40세에는 유혹에 흔들리지 아니하고(不惑), 50세는 천명을 알게 된다(知天命)고

했다. 40세는 자기 얼굴에 대해 책임을 지는 나이가 되어야 한다는 것이 일반적인 인식이라 하겠다. 그러나 40세에 시작된 모세의 사역은 처참한 실패 그 자체라 아니할 수 없었다. 그는 애굽 사람을 죽이는 실수를 범하였고 동족인 히브리 사람으로부터도 좋은 지지를 얻지 못하였다. 이 때문에 그는 바로 왕의 얼굴을 피해 도망할 수밖에 없었고, 그 이후 40년이라는 긴 세월을 미디안 광야에서 목동이 되어 양떼들과 함께 지내야만 했다.

현저히 다른 문화를 갑자기 접하게 될 때 우리는 문화충격(Culture shock)을 경험하게 된다. 애굽의 궁전에서 살던 귀족의 생활과 미디안 광야에서 양을 치는 목자의 생활이 가져다주는 현실의 격차가 얼마나 큰가를 우리는 상상할 수 있다. 추락된 현실에서 겪는 생활의 아픔만큼 우리를 힘들게 하는 것도 없을 것이다. 과연 미디안 광야의 양떼들과 함께 생활하는 40년 동안 모세는 무엇을 생각하며 지냈을까? 떨기나무 불꽃 가운데 임재 하신 하나님으로부터 새로이 부름을 받을 때까지 그는 자신의 소명을 완전히 망각하고 살았을까? 그 긴 세월의 기간 동안 그는 혹시 자신이 감당해야할 소명과 자신이 있는 현실 사이에서 고민하며 지내지는 않았을까에 대한 의문을 우리는 가질 수 있을 것이다.

미디안 목자의 생활 40년의 긴 시간 동안 모세는 자신의 소명을 한 순간도 잊지 않고 지냈을 것이라고 나는 생각한다. 적어도 그는 소명을 완전히 망각한 채 편한 마음으로 생활하지는 않았을 것이다. 오히려 그는 한때 젊음을 불사르며 준비해 온 삶의 사명을 실행에 옮기지 못하는 현실의 한계를 심히 고통스러워했을 것이라고 나는 생각한다.

그렇기 때문에 떨기나무 불꽃 가운데서 만나게 된 하나님의 임재는 전혀 뜻밖의 우연한 만남이 결코 아니었을 것이다. 그것은 모세가 생애 전체를 헌신해서 준비해 온 간절한 사명의 소원에 대한 하나님의 거룩한 인정이 되었을 것이다.

하나님의 소명을 받은 모세가 가지고 간 것은 고작 지팡이 하나에 불과했다. 40년의 긴 시간을 힘들게 기다린 수고에 비하면 그것은 너무도 작은 것이라 아니할 수 없다. 그렇다면 그는 왜 그 전에는 갈 수 없었던 것인가? 그는 정말 하나님을 만나기 위해 그렇게도 40년을 기다려야만 했는가? 사람의 생애에서 80세의 나이는 지금이나 그때에나 더 이상 기대할 것이 거의 없을 정도의 나이라 아니할 수 없다. 인생의 기회가 거의 다 지나가는 것을 알면서도 모세는 그렇게 무작정 기다려야만 했던 것인가? 그는 진정 하나님의 승인과 허락이 없이는 사역의 길로 나아갈 수 없었던 것인가?[2)]

---

2) 신앙연단의 과정에서 오랜 동안의 기다림이 가지는 의미는 매우 크다고 나는 생각한다.

호세아 선지는 타인에게 연애를 받아 음부가 된 아내 고멜을 향해 말한다. "내가 은 열다섯 개와 보리 한 호멜 반으로 나를 위하여 저를 사고 저에게 이르기를 너는 많은 날 동안 나와 함께 지내고 행음하지 말며 다른 남자를 좇지 말라 나도 네게 그리하리라 하였노라"(호 3:2-3).

여기서 "나와 함께 지내라"고 한 원문은 "묵묵히 나를 기다리라"는 뜻이다. 만일 "함께 지내고"(dwell with)의 뜻이라면 마땅히 전치사 לְ가 아니라, 전치사 עם이거나 את이어야 할 것이다. 본문의 뜻은 오히려 고멜이 "고요히 앉아서"(sit still), "고독하게 홀로 있어"(sit alone) 그(선지자)를 기다리는 것을 의미한다. 그러한 훈련과 수양의 기간을 본문은 정함이 없이 "많은 날 동안"이라고 했으며, 그것은 하나님과 이스라엘의 언약을 새롭게 하는 기간을 암시한다. 그 기간 동안에는 하나님께서도 그들을 향하는 마음은 더욱 간절하지만 그들을 고요히 버려둔 것 같이 하겠다는 말씀이다. "나도 네게 그리하리라"는 말씀이 바로 그것이다. : 김희보, 『구약 호세아 주해』 (서울: 총신대학교 출판부, 1995). p.82.

나는 너무나도 한없이 길게 계속되기만 하는 준비 과정을 경험하면서 모세의 생애를 생각하게 되었다. 그 즈음에 나를 아는 거의 모든 사람들은 내게 말하였다. "왜 그렇게 오랫동안 힘들게 속수무책으로 기다리기만 하는가? 사람의 편에서 먼저 적극적으로 원함과 행함을 보여야 할 것이 아닌가? 강산이 변한다는 세월을 훨씬 넘기면서도 그렇게 눈에 보이는 결과가 없을 수 있는가? 지금이라도 빨리 목회자의 길을 포기하는 것이 좋지 않을까?" 그들이 나를 이해하지 않을 뿐 아니라 힘이 되는 도움을 주지도 않았던 것은 나를 향한 하나님의 섭리였다. 나는 그렇게도 좋은 결과를 얻지 못하는, 그리고 주변으로부터 철저히 불신을 당하는 헛된 수고의 힘든 날들을 보내야만 했다. 그러면서도 나는 내게 주어진 이 길을 마음 편히 버리지 못했던 것은 무슨 이유일까? 그런 힘든 과정을 통하여 나는 내게 주어진 모든 환경의 아주 작은 부분까지라도 주님의 철저하고 완전한 주관하심 가운데 있다는 것을 많이 경험하였다. 흔하고 하찮은 참새 한 마리의 생명까지라도 주님의 허락 안에 있으며, 사람의 앉고 일어서는 모든 것이 주님의 결정에 의한다는 것을 나는 지루하고 힘든 그 기다림의 학습을 통하여 철저히 알게 되었다.

과연 나는 어떻게 해야 하는가? 인생의 기회가 다 지나가기까지 이렇게 기다리기만 하다가 말 것인가? 그렇지 않으면 지금이라도 깨끗하게 마음을 비우고 새로운 할 일을 찾아 다시 시작해야 하는가? 이러한 생각을 할 때마다 나는 그래도 기다리는 것이 옳다는 결론을 내리게 되었다. 주님이 나를 일꾼으로 사용하시든지 또는 끝까지 그렇지 않게 될 수도 물론 있을 것이다. 그럼에도 불구하고 나는 내가 지켜야 하는 이 자리를 버리고 세상으로 갈 수는 없다고 생각했다. 왜냐하면 그러한 결정은 전능하신 하나님에 대한 불신에서 나오는 것이며, 그 결과는 하나님의 은혜에 대한 배신과 내 영혼의 죽음이 될 것이기 때문이다. 그렇기 때문에 나는 다만 주님께서 내게 정해주신 자리를 떠나지 않고 기다려야만 했다.

나는 그렇게 주님께서 내게 작은 일터의 한 자리를 허락해 주실 것을 생명을 다해 간구하며 기다려 왔다. 목회의 여러 조건을 따지는 것은 사치스러운 교만함의 발로(發露)이다. 그것은 종이 된 사람의 자세가 아니다. 나는 그저 어디든지 주님의 일꾼으로 허락되는 곳이 내게 주어지기만을 내 영혼의 온 힘을 다해 매우 오랜 동안 기다려야만 했다.

우리에게는 희망의 믿음이 필요했다

아브라함은 하나님의 명령을 따라 이삭을 모리아 산에서 제물로 드리기 위해 사흘 길을 행하였다. 그리고 그는 제 삼일에 눈을 들어 그 곳을 멀리 바라보았다. 이제 아브라함은 사환과 나귀를 그 곳에 머물게 하고 이삭과 둘이서만 동행하였다. 그 때에 이삭이 아버지인 아브라함에게 물었다. "이삭이 이르되 불과 나무는 있거니와 번제할 어린양은 어디 있나이까"(창 22:7) 아브라함은 이삭에게 말하였다. "아브라함이 이르되 내 아들아 번제할 어린 양은 하나님이 자기를 위하여 친히 준비하시리라"(창 22:8) 과연 하나님께서는 아브라함이 말한 대로 일하셨다. 하나님께서는 이삭을 살려 주시고, 그 대신 한 어린 양을 예비하여 제사하게 하신 것이었다.

아브라함은 어떻게 해서 하나님의 마음을 미리 읽을 수 있었을까? 그때 아브라함은 이삭의 목숨을 요구하시는 결코 피할 수 없는 하나님의 명령 앞에 있었다. 그렇지만 그는 하나님께서 독자 이삭을 살려 주시기를 간절히 원하였고 또 그렇게 하실 줄로 믿었다. 만일 그렇게 하신다면, 하나님께서 다른 제물을 준비하실 것이 분명한 일이었다. 아브라함은 하나님께서 이삭의 목숨을 요구하시는 처절한 절망의 상황에서 이삭이 살아날 것을 바라보는 희망의 믿음을 가졌던 것이다. 그것은 하나님 안에서 모든 것이 예비 될 것을 믿는 여호와 이레의 믿음이다. “아브라함이 그 땅 이름을 여호와 이레라 하였으므로 오늘날까지 사람들이 이르기를 여호와의 산에서 준비되리라 하더라”(창 22:14)

우리 부부에게는 아들 둘이 있다. 이 아이들은 연년생이고 초등학교 입학을 같이 하였기 때문에 고등학교를 졸업할 때까지 둘이 같은 학년에서 공부하였다. 나의 두 아이들이 고등학교에 진학할 즈음의 일이었다. 그때 우리는 지독한 가난으로 인해 아이들의 고등학교 진학이 전혀 불가능한 사정 가운데 있었다. 그것은 하나님께서 우리에게 만들어 주신 너무나도 절박하고 숨 막히는 사정이었다. 그러나 그때 나는 아이들이 고등학교에 갈 수 있을 것이라고 믿었고 또 그렇게 아이들에게 말하였다. 신학기가 시작된 3월 첫 주의 한 주간이 다 지나가는데도 우리의 아이들은 학교에 갈 수가 없었다. 돌이켜 생각할 때 그 한 주간은 우리 가족에게 너무나 힘든 시련의 기간이었다. 나와 아내는 밤마다 교회에 가서 울면서 기도하였다. 그런데 그렇게도 불가능한 상황에서 하나님은 아이들이 학교에 갈 수 있도록 길을 열어주셨다. 그 일을 통하여 나는 하나님께서 종의 가정을 철저히 보장하신다는 믿음을 다시 한번 확인하게 되었다.

아이들의 고등학교 진학이 불가능한 사정으로 인한 힘든 시련은 그것으로 다한 것이 아니었다. 아이들이 고등학교를 다니던 3년 동안 그 힘든 시련은 계속해서 나와 아내를 괴롭혔다. 그 즈음에 나와 아내는 아이들의 장래가 걸린 일에 있어서는 마음이 매우 흔들리고 있었다. 나는 이 일로 인해 목회 사역에 대한 깊은 의문과 절망감을 느끼고 또 매우 절박한 위기감을 느끼기도 하였다. 아이들의 대학 등록금을 마련하기 위해서는 당장 어떠한 일이라도 하는 것이 우리에게 절실히 필요했고, 만일 그렇게 한다면 나는 목회자의 길을 버려야만 했다. 그러나 나는 마음을 가다듬고 작정하였다. 종의 사명을 버리고 물러서는 길은 모든 것을 파멸로 빠뜨리는 결과를 가져올 것이 분명하다. 생명을 다해서 종의 사명을 지키는 길은 우리 가족과 아이들의 장래가 보장된 길이다. 그렇기 때문에 나는 아이들에게 말하였다. "두려워하지 말아라, 너희들의 앞길은 하나님의 보장과 은혜 가운데 있다, 하나님은 모든 사정을 놀랍게 변화시키실 것이다." 그 때 우리에게는 희망의 믿음이 절실히 필요했다.

위로의 사과 한 상자

나와 가족들이 경험했던 수많은 시련의 힘든 날들을 돌이켜 생각해 볼 때, 나는 무엇보다도 아이들이 고등학교에 진학하던 해의 3월 첫 주 한 주간을 결코 잊을 수가 없다. 그 때 우리는 아이들의 고등학교 진학이 전혀 불가능한 지독히도 가난하고 어려운 사정 가운데 있었다. 만일 하나님께서 아이들을 고등학교에 보내 주시지 않는다면 목회자의 길을 버리겠다고 나와 아내는 생각하였다. 그러나 우리는 그 주간에 눈물로 기도하면서 마음을 바꾸었다. 아이들이 고등학교에 진학을 못하게 될지라도 목회자의 직분만은 결코 저버릴 수 없다고 나와 아내는 생각하였다. 왜냐하면 아이들의 공부와 앞으로의 삶은 이 세상의 일이지만 목회의 사명은 이 세상과 오는 세상까지의 일이기 때문이었다. 그렇지만 그것은 우리 부부에게 참으로 가슴 아픈 결정이 되었다. 그리고 거기서 우리는 주님께서 이미 예비하고 계신 놀랍고도 완전한 은혜를 볼 수 있는 눈을 열게 되었다.

나와 아내는 그 주간에 밤마다 교회에 가서 눈물로 통곡하였고, 아이들의 마음도 깊은 상처감과 좌절감으로 가득 차 있었다. 그때 우리 가족은 한 마디로 시련의 아픔으로 인해 너무도 지쳐 있었던 것이다.

그렇기 때문에 우리 가족은 그 주간에 선물로 받았던 사과 한 상자의 고마움을 결코 잊을 수가 없다.

그 주간 월요일에 서울에 있는 ○○교회 담임목사님과 두 분의 장로님이 우리 교회를 다녀갔다. 당시 ○○교회는 우리 교회를 매월 일정액의 선교비로 돕고 있었고, ○○교회의 목사님과 장로님들이 우리 교회 뿐 아니라 도움을 받는 강원도 지역의 몇몇 교회를 돌아보기 위해 다녀갔다. 우리 가족은 그분들로부터 한 상자의 사과를 선물로 받았다. 그리고 그 사과 한 상자는 몸과 마음이 지쳐 있던 우리에게 너무나도 큰 위안이 되었다. 그 다음 주 월요일에 아이들을 학교에 보내기 위해 갈 때까지 한 주간 동안, 우리는 그 위로의 사과 한 상자를 참으로 고맙고 감사하고 맛있게 먹었다.

주님은 진노 중에도 긍휼을 잊지 않으시는 분이시다. 고난의 절정에서 만나게 되는 작은 위로의 은혜는 지친 마음에 큰 힘을 공급해 주기 마련이다. 나는 이러한 은혜를 많이 경험하면서, 내가 주님의 은혜로운 섭리 안에서 준비되고 있다는 확신을 갖게 되었다. 많은 은혜를 받은 일 중에서도 나는 그 때 사과 한 상자의 고마움을 잊을 수 없다. 그때 받은 한 상자의 사과는 지친 우리 가족들의 몸과 마음을 참으로 많이 위로해 주었기 때문이다.

신앙을 지도한다는 사람의 행동

우리들이 살아가는 인생의 과정은 좋은 일들과 나쁜 일들의 반복으로 구성되어 있다. 이는 우리의 영혼을 사랑하시는 하나님의 선한 배려라고 나는 생각한다. 좋은 일들만 계속하여 만나게 되는 조건에서 마음이 높아지지 않을 사람은 아무도 없을 것이다. 마찬가지로 나쁜 일들만 끊임없이 계속되는 힘든 사정에서 좌절하지 않을 사람도 아무도 없다. 우리는 누구든지 희망으로 가슴을 메웠던 벅찬 기억을 가지고 있으며, 또한 가슴을 에이는 아프고 힘든 상처의 기억도 가지게 되기 마련이다. 하나님은 우리가 희망을 가지고 살아갈 수 있도록 도우시되, 마음이 너무 높아지고 교만해지지 않도록 선한 배려를 잊지 않으신다. 하나님께서는 또한 우리의 마음이 고난을 만나 낮아지게 하시고 겸손의 값진 교훈을 배우게 하시되, 우리가 너무 깊은 좌절의 늪에 빠져 헤어 나오지 못하는 것을 긍휼히 여기신다.

대학을 다니던 시절에 나는 비록 가난했지만 마음속에는 장래에 대한 희망을 가지고 있었다. 젊음과 희망이라는 것은 그 시절의 나를 매료시키기에 충분하였다. 사랑하는 아내와의 만남과 자신감이 넘치는 세상에서의 삶은 내게 행복을 누릴 수 있는 좋은 조건들을 넉넉히 가져다주었다. 그러기에 나는 자신감을 가지고 목회자의 길을 어렵지 않게 선택할 수 있었다. 그러나 그 길은 처음부터 나의 생각과는 전혀 다른 방향으로 흘러갔는데, 나는 그 길고도 힘든 시련의 아픔들을 지난 다음에야 그렇게 일하시는 하나님의 섭리를 조금씩 깨닫게 되었다.

나는 처음부터 고생이 없는, 형통한, 축복으로 풍성한 목회자의 삶을 살기 원하였다. 고난을 만난 초기에 나와 아내는 이 어려움을 넘어서기만 하면 그동안 바라던 피안의 세계가 곧 열릴 것으로 기대하였다. 그러나 하나의 작은 산을 넘어서서 만나게 되는 더 큰 산들의 위협 앞에서 우리의 마음은 차츰 좌절하기 시작했고 점점 더 깊은 회의를 품게 되었다. 그래도 우리는 그 어려움들이 고난의 절정으로 이어질 것이라고는 생각하지 못하였다. 주님께서는 그 고난의 절정에서 생명에 대한 진정한 포기를 요청하셨는데, 우리에게 그것은 너무도 넘기 힘든 산이 되었다. 그 중에서도 특별히 아이들의 학업이 불가능하고 아이들의 장래가 불투명한 사정은 참으로 견디기 힘든 시련이 되었다. 나는 요즈음 우리 사회에서 비교적 안정적인 지위를 누리는 많은 고학력의 40대들이 아이들의 학업과 장래를 위해 이민을 결정한다는 매스콤의 보도를 본게 된다. 이들의 힘든 선택을 보면서 나는 그동안 우리 가정에 주어진 하나님의 시련이 참으로 깊고도 근원적인 것이었다고 생각하게 된다.

고난을 알지 못하는 사람은 성숙한 완성으로 나아갈 수 없다고 나는 생각한다. 목회자로서의 나의 삶은 여지없이 깊은 좌절과 실패의 절정으로 떨어져야만 했고, 거기서야 나는 그렇게 일하시는 하나님의 섭리를 알 수 있게 되었다. 왜냐하면 하늘의 생명은 땅의 정신으로는 얻어질 수 없는 것이기 때문이다. 세상의 생명을 미워하여 버리는 자에게만 하늘의 생명이 주어지기 때문이다. 세상의 좋은 혜택을 사랑하는 사람들의 마음은 거룩한 하늘의 것으로 향하는 복된 결단을 내릴 수 없기 때문이다.

강원도 산골 마을의 작은 교회를 담임했던 때의 일이었다. 바람이 심하게 불고 매우 추웠던 겨울의 어느 날 우리가 살던 집에는 난방연료가 바닥나는 일이 발생했다. 그래서 나는 근처의 거래하는 주유소에서 석유 15만원 어치를 외상으로 구입했다. 그 주유소는 그동안 거래하던 주유소였고 외상으로도 여러 차례 거래를 했던 주유소였다. 그런데 하나님께서는 석유값 15만원을 갚을 여유를 전혀 주지 않으셨다. 주유소로부터 여러 차례 독촉을 받았지만 너무나도 속수무책이었다. 우리는 1월에 밀린 외상값 15만원을 그 해의 여름인 8월까지도 갚지 못하고 있었다. 우리 가족은 그 즈음에 그 만큼이나 가난했고 여유를 갖지 못하고 살았다. 8월의 어느 날 나는 주유소 여주인으로부터 전화를 받았다. 그 여주인에게도 인내심의 한계가 온 것이었다. 그때 나는 그 여주인으로부터 "신앙을 지도한다고 하는 사람의 행동이 그럴 수 있냐?"는 심한 경멸의 말을 들었다. 다른 어떠한 말보다도 그 말은 내게 너무나 충격적이었다. 그것은 목회자로서의 내 삶의 정체성에 가차없이 충격을 가하는 심한 말이 되었다. 그리고 그 일로부터 며칠이 지난 다음에야 나는 그 가슴 아픈 15만원을 겨우 갚을 수 있었다.

하나님께서는 우리를 사랑하시기 때문에 때로 가슴 아픈 고난을 경험하게 하신다. 고난이 없는 생활, 축복과 형통으로만 연결되는 생활,

존귀한 영광만을 받기에 익숙한 삶은 진정으로 사랑받는 사람의 생활이 아니라는 것을 우리는 이해해야 한다. 온실에서 자란 듯한 그러한 사람의 마음은 작은 일도 참아낼 여유를 가질 수 없고, 주님을 위한 작은 수고도 감당할 힘을 가지지 못하기 때문이다.

제2장

믿음과 인내가 고난을 이겨낸다

주의 종은 축복과 함께 고난도 받게 된다
당신은 완전한 단절을 아는가?
아픔은 승화되기 위한 것이다
감사의 우물을 파라
이스라엘의 모든 동네를 다 다니지 못하여서 인자가 오리라
인연의 끈은 강하지 않다

세상을 감당하는
믿음의 훈련

주의 종은 축복과 함께 고난도 받게 된다

하나님께서는 다윗 왕을 그가 인정하시는 왕권(王權)의 모델로 제시하셨다. 왕은 하나님에 의해 세워지고, 따라서 하나님은 자신이 세우신 왕과 언제나 함께 계신다. 그러므로 그의 왕위(王位)는 영원하고 그를 대적하는 세상의 모든 세력들은 패배와 멸시를 당하게 될 뿐이다. "하늘에 계신 이가 웃으심이여 주께서 그들을 비웃으시리로다 그 때에 분을 발하며 진노하사 그들을 놀라게 하여 이르시기를 내가 나의 왕을 내 거룩한 산 시온에 세웠다 하시리로다"(시 2:4-6) "주께서 이르시되 나는 내가 택한 자와 언약을 맺으며 내 종 다윗에게 맹세하기를 내가 네 자손을 영원히 견고히 하며 네 위를 대대에 세우리라 하셨나이다 셀라"(시 89:3-4)

주께서 영원한 맹세로 자신의 종을 왕으로 세웠기 때문에 그의 왕위는 견고하고 영원하다. 그러나 한편으로 우리는 주의 종이 수욕과 멸시를 당하는 것을 보게 된다. "그러나 주께서 주의 기름 부음 받은 자에게 노하사 물리치셔서 버리셨으며 주의 종의 언약을 미워하사 그의 관을 땅에 던져 욕되게 하셨으며 그의 모든 울타리를 파괴하시며 그 요새를 무너뜨리셨으므로 길로 지나가는 자들에게 다 탈취를 당하며

그의 이웃에게 욕을 당하나이다"(시 89:38-41)

하나님께서 인정하시고 세우신 주의 종이 수욕과 멸시를 당하는 것은 무슨 이유인가? 여기서 너무나 중요한 것은 왕이 받는 고난이 그의 죄와 연결되어 있지 않다는 점이다. 이 점에서 시편 89편은 시편 51편과는 다르다. 하나님의 모든 분노와 침묵과 부재가 사람의 죄와 연관된 것이 아니기 때문에, 이것이 시인을 더욱 괴롭게 만든다. 시인은 하나님의 옛 약속과 지금의 비참한 현실을 대조시키며, 하나님의 약속이 어디 있는지를 묻고 있다. "주여 주의 성실하심으로 다윗에게 맹세하신 그 전의 인자하심이 어디 있나이까"(시 89:49) 하나님께서 거짓말하지 않는 이상 다윗 언약은 파기될 수 없다. 하나님의 성실성이 손상되지 않는 한 그의 언약은 깨어질 수 없다. 그러나 그 언약은 지금 어디에 있는가?[3)]

이 질문의 배경은 매우 희귀한 것 같이 보이지만 이외로 보편적이라 할 수 있다. 이 질문은 포로로 잡혀간 이스라엘 백성들의 탄식이며, 의로움을 생명과 같이 여긴 욥의 탄식이며, 십자가 위에서 죽음을 받으시는 예수 그리스도의 탄식이다. 시편 89편에서 경험되는 시인의 고난은 그리스도가 받은 고난의 그림자였다. 여기서 시인은 "내 하나님이여 내 하나님이여 어찌 나를 버리셨나이까"(시 22:1)라는 질문을 던진다. 다윗의 고난 속에 담긴 더 깊은 의미를 우리가 알게 될 때, 그가

---

3) 시인은 주께서 다윗 언약을 지키는데 있어서 참으로 신실하신지에 대해 심각한 문제를 제기하고 있다. 시편 89편은 이렇게 다윗 언약의 유효성과 정당성에 대해 심각한 회의를 던지며 다윗 언약이 내포하고 있는 모든 약속을 미래에 갱신해 주기를 바라보고 있다. : 김정우, 『시편 89편: 그 문학과 신학』(서울: 총신대학교 출판부, 1994). pp.90-91.

하나님으로부터 유기(遺棄)를 당하고 사람에게 버림과 훼방을 받는 것이 하나님의 더 큰 목적을 향하는 것임을 우리는 알게 된다.[4)]

우리는 시편 89편에서 다윗 왕이 받는 영광과 수치를 함께 보게 된다. 여기서 우리는 다윗 왕의 영광이 그리스도의 영광과 연결되며, 다윗 왕의 수치가 그리스도의 수욕과 죽음에 연결된다는 것을 알게 된다. 따라서 우리는 예수 그리스도가 시편 89편에서 높아지신 분이라는 것을 보게 되며, 또한 애통하는 다윗 왕의 애가(시 89:39-52)에서 왕이신 그리스도의 애가(哀歌)를 듣게 되고 고난 받는 여호와의 종을 그 비하 속에서 만나게 된다.

우리는 신앙생활과 축복을 당연하게 연결해서 생각하는 경향이 있다. 축복은 신앙생활의 좋은 결과이며 권능으로 활동하는 일꾼만이 진정한 주의 종인 것처럼 사람들 사이에서 인정되고 있다. 그러나 주의 종은 축복과 함께 고난도 받게 된다는 이해가 우리에게는 참으로 필요하다. 고난은 죄나 저주의 결과로 인한 것이 아닐 수도 있으며, 그가 단지 사명을 감당해야 하는 주의 종이기 때문에 극심한 고난을 당

---

4) 김정우, 『시편강해 II』 (서울: 도서출판 엠마오, 1995). pp.24-25.

전통적으로 우리의 신앙생활은 신앙의 확신과 하나님의 임재를 중심으로 이해되어 왔다. 그러나 우리는 시편에서 고난의 절정을 만나 신앙이 흔들리고 괴로워하는 시인의 고백들을 만나게 된다. 따라서 우리는 이 부재(不在)의 신학을 통해 신비주의자들이 사모하는 하나님과의 완전한 영적 합일이 불가능함을 알게 되며, 주님의 섭리 속에는 경건한 자에게 자신을 감추시는 때가 있다는 것을 알게 된다.

이와 관련하여 사무엘 테린(Samuel Terrien)의 말이 도움이 된다. 시인의 시련 다음에 새로운 미래가 동터 온다. 뒤돌아 볼 때, 하나님의 부재는 유예된 임재였다. 그의 유기는 키에르케고르가 말한 대로 "하나님 앞의 순간(the moment before God)에 대한 서주곡"이었을 것이다. 그가 받은 잔혹한 시련은 결국 그가 이룰 사명의 크기에 비교해 볼 때 크게 미치지 못하는 것이었다.

할 수도 있다. 그런 경우 그는 단지 자신이 주의 종이기 때문에 사람들로부터 멸시와 수욕을 당하게 되는 것이다.

나는 축복에 대한 강렬한 기대를 가지고 목회자의 생활을 시작하였다. 그러나 그 결과는 이러한 기대와는 전혀 반대로 나타났다. 오랜 동안 끈질기게 계속되는 가난과 고통 속에서 나와 아내는 무력감과 좌절감을 느끼지 않을 수 없었다. 감당하기 힘든 현실의 조건들이 너무도 힘들게 삶을 눌러 왔고, 거기서 우리는 깊은 갈등을 가져야만 했다. 우리가 만나고 지켜야만 하는 목회자의 길은 영광과 권능의 길과는 너무 거리가 멀었고, 무능력과 고난과 멸시와 부끄러움의 길이기 때문이었다. 그럼에도 불구하고 우리는 이 길이 우리의 삶에 지워진 결코 피할 수 없는 길이라는 결론을 얻게 되었다.

신앙생활에는 축복만 있는 것이 아니다. 축복과 영광과 번영만을 추구하는 신앙은 고난의 소중한 때를 감당할 힘을 가지지 못한다고 나는 생각한다. 그러므로 그러한 수준 낮은 신앙으로는 고난을 통해 주어지는 하나님 섭리의 깊은 뜻을 결코 알 길이 없다. 그리스도께서는 저주받은 십자가 위에서 아버지 하나님으로부터도 버림받는 처절한 고난을 당하셨다. 그 고난을 통하여 그리스도는 영광의 부활로 나아가신 것이다. 풍성한 축복은 우리에게 큰 유익을 가져다주지만 동시에 우리의 영혼을 부패하게 하고 멸망케 할 수도 있다. 우리를 진정으로 성장하게 하는 것은 아픔의 쓰라린 과정이라는 것을 우리는 기억해야 한다.

당신은 완전한 단절을 아는가?

하나님께서도 인정한 의로운 사람 욥이 갑자기 재난을 만나게 된 것은 불가사이하고 기적적인 일이라 할 수 있다(욥 1:13-19). 욥이 일상(日常)의 평안을 즐기던 어느 날 한 종이 그에게 와서 고하였다. 소는 밭을 갈고 나귀는 그 곁에서 풀을 먹는데 스바 사람이 갑자기 이르러 그것들을 빼앗고 칼로 종들을 죽였다고 그 종은 급히 알려 왔다. 아직 말할 때에 또 한 사람이 와서 그에게 고하였다. 불이 하늘에서 내려와서 양과 종들을 살라 버렸다는 것이었다. 그가 아직 말할 때에 또 한 사람이 와서 고하였다. 갈대아 사람이 세 무리를 지어 갑자기 낙타에게 달려들어 그것들을 빼앗고 칼로 종들을 죽였다는 소식이었다. 아직 말할 때에 또 한 사람이 와서 고하였다. 욥의 자녀들이 맏아들의 집에서 음식을 먹으며 포도주를 마시는데 거친 들에서 큰 바람이 불어와서 집 네 모퉁이를 쳐서 무너뜨렸고 그로인해 모든 그의 자녀들이 죽었다고 말하였다.

이것으로 욥이 받은 재앙이 다한 것이 아니었다. 사탄은 욥에 대해 하나님께 다시 고하였는데, 그것은 참으로 냉정하고 집요한 요청이라 아니할 수 없다. "사탄이 여호와께 대답하여 이르되 가죽으로 가죽을 바꾸오니 사람이 그의 모든 소유물로 자기의 생명을 바꾸올지라 이제 주의 손을 펴서 그의 뼈와 살을 치소서 그리하시면 틀림없이 주를 향하여 욕하지 않겠나이까"(욥 2:4-5) 이로 인해 욥의 몸에는 발바닥에서 정수리까지 종기가 나게 되었고, 재 가운데 앉아서 질그릇 조각으로 몸을 긁어야만 했다.

세상을 사는 어느 누구라 할지라도 욥이 만난 완전한 단절의 깊이를 다 알 수는 없을 것이다. 세상의 좋은 친구들, 삶을 지탱해 주는 모든 재산, 소중한 자녀들, 그리고 사랑하는 아내까지라도 철저히 잃어버리는 단절의 고통을 욥은 당했기 때문이었다. 그러나 사실 그보다도 더 심한 고통은 발바닥부터 정수리까지 종기가 나서 그의 생명을 위협하는 몸의 고통이었을 것이다. 그리고 그 모든 것들보다도 더 견디기 힘든 고통을 그는 당하였는데, 그것은 하나님의 말씀으로부터의 단절이 가져다주는 무거운 침묵의 고통인 것이었다.

그렇기 때문에 욥은 하나님께로부터 자신에게로 갑자기 닥쳐온 처절한 단절을 격한 어조로 토로(吐露)하고 있다. "내가 어찌하면 하나님을 발견하고 그의 처소에 나아가랴 어찌하면 그 앞에서 내가 호소하며 변론할 말을 내 입에 채우고 내게 대답하시는 말씀을 내가 알며 내게 이르시는 것을 내가 깨달으랴 그가 큰 권능을 가지시고 나와 더불어 다투시겠느냐 아니로다 도리어 내 말을 들으시리라 거기서는 정직자가 그와 변론할 수 있은 즉 내가 심판자에게서 영원히 벗어나리라 그런데 내가 앞으로 가도 그가 아니 계시고 뒤로 가도 보이지 아니하며 그가 왼쪽에서 일하시나 내가 만날 수 없고 그가 오른쪽으로 돌이키시나 뵈올 수 없구나"(욥 23:3-9)

내가 매우 오랫동안 만나야만 했던 목회연단의 아픔은 거의 모두가 이러한 단절에 관한 것들이었다. 밥을 굶을 정도의 심각한 가난이 밀려 왔고, 곧 거의 모든 재산을 잃어버리는 아픔을 나는 만나야만 했다. 목회자로써 그래도 비교적 장래가 보장된 교단으로 나아가는 길이 막혔고, 나는 대한예수교 장로회라는 이름의 군소교단에서 목사임직을 받았다. 목회를 위해 최선으로 수고한 결과가 물거품과 같이 돌아오는 것을 보면서 나는 낙심하였고, 그나마 알고 교제하던 친구들로부터도 차츰 멀어지게 되었다. 그러나 무엇보다도 가장 힘들었던 아픔은 가까운 가족들로부터 받는 불신과 외면이었다.

아이들이 고등학교에 입학하던 해의 가을부터 그 이듬해의 늦은 봄까지 나는 내가 담임했던 강원도 삼척시 주변 농촌 지역에 있는 ○○교회에서 홀로 지내야만 했다. 아내는 아이들 학교 때문에 충남 천안의 막내처남네 집에서 더부살이를 하였고, 그동안 겹쳐 온 힘든 고생으로 몸과 마음이 매우 지쳐 있었다. 난방시설이 전혀 없는 곳에서 전기장판과 석유난로를 의지하면서, 나는 그때 하루하루 다가오는 겨울의 추위와 외로움에 완전히 노출되어 있었다. 나는 그때 인연의 끈이 그렇게 강하지 않다는 것을 실감(實感)하였다. 환경의 압박이 극심히 눌러오는 조건이라면 거의 모든 사람들은 마땅히 붙들어야 하는 인연의 마지막 끈마저도 놓게 된다는 것을 나는 그 때 느끼게 되었다. 그래도 그 가장 어려운 때에 나와 아내를 지탱해 준 것은 사명에 대한 의식이었다. 우리는 하나님 앞에서의 삶을 생각하였던 것이다.

아이들이 고등학교를 입학하던 때부터 대입수능시험을 치르고 대학교에 입학하던 해의 봄까지 3년 동안 나의 마음은 언제나 무거웠다.

고등학교를 입학할 때부터 아이들은 마음에 깊은 상처를 받았다. 게다가 우리 가족은 아이들 고등학교 학비의 거의 대부분을 장학금과 저소득자를 위한 정부 보조금으로 충당하였다. 설상가상으로 아이들이 고등학교 3학년이던 해의 여름부터 나는 목회를 중단하게 되었고, 새로운 일터가 열릴 가능성이 전혀 보이지 않았다. 그렇지 않아도 힘든 생계의 위협이 턱을 조여왔고, 우리는 아이들의 대학 등록금 마련이 전혀 불가능한 사정에 있게 되었다.

나와 아내는 그래도 목회의 직분만은 저버리지 않기로 결심하였다. 우리는 아이들의 학교와 모든 생활을 하나님께서 보장하신다는 것을 믿고 기도하였다. 자동차세 미납으로 차량 번호판을 영치 당한 것은 그 해 11월 중순 경이었는데, 그것은 놀랍게도 아이들이 수능시험을 치른 바로 그 다음 날이었다. 그래도 그 날까지는 공부에 지친 아이들을 위해 차를 움직일 수 있었던 것이 감사했다. 그날 이후 나와 아내는 아이들에게 용돈을 전혀 줄 수 없었고, 놀랍게도 아이들은 다른 손길들을 통해서 용돈을 충당할 수 있었다. 아이들이 지원하는 대학교에 입학원서를 제출하고, 면접시험을 치르고, 등록금을 납부할 때까지의 기간은 피가 마르도록 힘든 기간이었다. 그 즈음에는 아이들의 불만이 포화상태에 이르렀기 때문이었다. 아이들은 학비부담이 비교적 적은 국립대학교와 장학금 혜택이 있는 대학교를 위주로 입학원서를 제출하였다. 믿고 기도한 대로 하나님은 아이들의 대학 등록금을 예비해 주셨다. 그런데 그것은 부모인 나와 아내의 손을 통해서가 아니라 전혀 다른 손들을 통해서였다. 아버지인 나를 바라보는 아이들의 불만과 불신의 시선을 나는 감당하기 힘들었다. 왜냐하면 내가 아이들을 위해 아무 것도 할 수 없도록 하나님이 나를 강하게 묶고 있었기 때문이었다.

멀리와 가까이에 있는 주변의 모든 사람들로부터 심하고 힘든 불신과 외면을 당하면서도 나는 목회의 이 사명만은 결코 놓을 수 없다고 다짐하고 또 다짐하였다. 그 때의 내 마음은 마치 생명을 간절히 구걸하는 사람의 마음과 같았다. 왜냐하면 내가 지켜야 하는 신앙과 사명의 길은 바로 생명과 직결되어 있기 때문이었다. 그리고 그 모든 일들은 신앙과 사명을 생명보다도 소중히 여기는 목회자로 나를 만들어 가시는 하나님의 일하심이었다.

아픔은 승화되기 위한 것이다

우리의 인생에는 좋은 일들과 나쁜 일들이 섞여 있다. 세상을 살아가는 우리는 가슴 벅찬 기쁨을 만나게 되는가 하면 그 반대로 감당하기 힘든 아픔들을 만나게 되기도 한다. 자라나는 한 그루의 나무는 그 성장의 못다한 이야기들의 흔적을 자신의 나이테 안에 가지게 된다. 이처럼 사람은 삶이 멈추게 될 때까지 계속해서 이전에는 알지 못했던 것들을 날마다 새로이 배우며 살아가고 있다.

우리는 기쁜 일을 만났을 때 너무 기뻐하지 않도록 마음을 다스릴 줄 알아야 한다. 왜냐하면 삶에는 기쁨과 슬픔이 절반 정도씩 섞여 있다고 하며, 기쁨의 분량이 다하면 슬픔이 곧 다가오기 때문이라고 한다. 기쁨 안에만 도취되어서 그 기쁨과 만족이 오래도록 떠나지 않고 자신과 같이 있어줄 것이라고 생각하는 것은 커다란 실수를 만들어내기 쉽다. 그렇기 때문에 사람은 삶에서 만나게 되는 기쁨의 벅찬 감정까지라도 능히 넘어서려는 자세를 가져야 한다.

우리의 삶에는 또한 가슴을 에는 아픔들이 많이 도사리고 있다. 자신의 힘으로는 도저히 감당할 수 없는 커다란 아픔을 만날 때 사람들은 어떻게 반응하게 되는가? 그러한 충격을 만난 사람은 잠시 동안 무반응과 무표정을 보이게 된다고 상담심리학은 말한다. 자신에게 닥쳐진 일이 얼마나 큰 불행인가를 생각으로 정리하면서 사람은 비로소 오열(嗚咽)하게 된다고 한다. 그 때에 사람의 마음속에는 슬픔, 고통, 원망, 분노 등의 격한 감정들이 일어나게 된다. 그리고 시간이 흐르면서 차츰 자신에게 주어진 조건들에 자신의 삶을 적응해 나가는 과정을 거치게 된다.

우리의 삶에서 아픔이라는 것은 결국 우리를 좌절하게 하고 실패하게 하려는 것이 절대로 아니라는 것을 나는 감히 말하려고 한다. 아픔은 우리의 유익을 위해서 하나님의 손안에서 주어지는 것이며, 그런 힘든 아픔의 과정은 우리 안에서 승화(昇華)되는 특성을 가지고 있다. 아무리 감당하기 힘든 큰 아픔이 주어진다 할지라도 그 아픔을 딛고 일어설 잠재의 자원을 우리는 이미 우리 안에 가지고 있다는 것을 기억해야 한다. 만일 우리가 만난 아픔이 매우 크다면 우리는 그 아픈 만큼 성장의 잠재력을 가지고 있는 것이다. 우리는 주어지는 모든 시련을 능히 감당할 수 있다는 것을 성경은 말씀한다. "사람이 감당할 시험 밖에는 너희가 당한 것이 없나니 오직 하나님은 미쁘사 너희가 감당하지 못할 시험 당함을 허락하지 아니하시고 시험 당할 즈음에 또한 피할 길을 내사 너희로 능히 감당하게 하시느니라"(고전 10:13)

맹자는 말하였다. "하늘이 장차 큰 임무를 이 사람에게 내리려 함에는 반드시 먼저 그 마음과 뜻을 괴롭게 하고, 그 근육과 뼈를 수고롭게 하며, 그 몸과 살을 굶주리게 하고, 그 몸을 결핍되게 하며, 행함에 그 하는 바를 어지럽게 하니, 이는 마음을 분발시키고 성질을 참게 하여 그 능하지 못한 바를 보태주려 함이다." 아픔과 고통은 우리를 해롭게 하는 것이 결코 아니다. "아픈 만큼 성장한다"는 말도 있다. 아픔이 크다는 것은 하늘이 우리를 그만큼 미쁘게 여긴다는 의미이다. 아픔을 통해서 얻어진 결실만이 참된 결실이라는 진리를 우리는 기억해야 한다. 아픔은 승화되기 위해 주어지는 것이다.

감사의 우물을 파라

예수님이 하루는 어느 집에 앉아서 말씀을 가르치셨는데, 거기에는 바리새인들과 율법학자들과 많은 사람들이 모여 있었다. 이때 사람들이 한 중풍병자를 침상에 눕힌 채로 메고 왔다. 그들은 사랑하는 친구인 이 중풍병자의 병고침을 받기 위해 마음을 합하여 예수님께 나아온 것이었다. 그러나 그들은 앞을 가로막고 있는 많은 사람들 때문에 들어갈 수가 없었다(눅 5:17-26). 그렇지만 그들은 거기서 멈추지 않았다. 그들은 지붕 위로 올라갔고, 기와를 벗기고 그 중풍병자를 침상 채로 예수님 앞에 달아 내리었다. 예수님은 이를 보고 말씀하셨다. "네 죄 사함을 받았느니라." "내가 네게 이르노니 네 침상을 가지고 집으로 가라." 병고침을 소원(所願)하며 예수님께로 나아가는 그들의 앞길에는 많은 막히는 것들이 있었다. 그러나 그들은 결코 좌절하거나 포기하지 않았고, 그리하여 결국 병고침의 은혜를 입게 되었다.

우리는 힘써 수고한 모든 노력의 결과가 선한 것으로 나타나게 되기를 바라며 살고 있다. 그런 의미에서 희망은 우리의 삶에 새 힘을 공급해 주는 활력소와 같은 것이다. 우리는 희망의 끈을 아직도 붙들고 있기 때문에 오늘의 역경을 잘 극복해 낼 수 있는 것이다. 희망을 완전히 상실한 사람은 존재의 의미를 상실한 사람이라 아니할 수 없다. 그렇기 때문에 절망의 감옥에 갇혀 희망을 상실한 사람은 더 이상 삶을 지탱해 나갈 수 없다.

신앙과 사명의 자리를 굳건히 지키려는 나의 삶은 한 마디로 간절했다. 나와 아내가 가진 믿음은 순수했고, 우리는 오직 주님께서 기뻐하시는 자리를 지키려고 최선을 다하였다. 그렇게 최선을 다해 수고했기 때문에, 오히려 우리는 기대에 미치지 못하는 나쁜 결과로 인해 더욱 더 낙심할 수밖에 없었다. 사십의 중반을 넘어 오십을 바라보는 나이의 어느 날, 우리는 그동안 최선을 다한 수고의 결과가 너무도 보잘 것 없음에 불현듯 놀라게 되었다. 인생의 소중한 기회인 젊음을 다 허비하게 되고, 준비된 것이 아무 것도 없는 처절한 가난과, 아이들의 학업과 장래가 불투명한 힘든 현실이 우리의 마음 깊은 곳을 아프게 하였다. 그 즈음에 나는 자주 깊은 생각에 잠겼고, 하나님께서 내게 왜 이렇게 하시는지 그 이유를 진정으로 묻고 싶어 했다. 나는 주변 사람들에 대한 원망과 미움의 생각으로 잠못 이루는 밤들을 지내게 되기도 하였다. 내 자신에 대한 불신과 자기비하의 나쁜 생각들이 내 마음을 지배하고 괴롭혔다. 내게는 모든 것이 막혀있는 듯한 절망감이 내 마음을 무겁게 눌러 왔다.

우리 삶에 주어지는 감당하기 힘든 무거운 시련들을 우리는 어떻게 대해야 할 것인가? 그 모든 시련들은 우리 안에서 극복되고 승화되기 위해서 우리에게 주어지는 것이라는 것을 나는 말하려고 한다. 우리 마음의 아픔이 클수록 그것은 우리를 향하시는 하나님의 섭리가 크다는 것을 우리는 이해해야 한다. 혼자서 감당하기에는 너무 힘든 아픔들을 믿음의 사람인 우리는 결국 극복하게 된다는 것과 거기에서 우리의 그릇이 완성의 단계에 들어간다는 것을 우리는 알아야 한다. 이를 위해 우리는 모든 노력을 기울여서 감사의 우물을 파야 한다. 메마른 땅에서 물을 얻기 위해 우물을 파는 작업은 매우 힘든 일임에 틀림이 없다. 그러나 우리의 인내와 수고가 정해진 분량을 채움으로써, 거기에서 얻게 되는 생수의 기쁨은 그 모든 힘들었던 수고를 보상해 주기에 충분하다고 할 것이다. 그렇기 때문에 우리는 하나님의 섭리에 대한 인내와 믿음을 가지고 감사의 우물을 파는 사람이 되어야 한다. 왜냐하면 우리는 불신앙이 신앙에 의해 능히 극복되고 미움과 원망이 사랑에 의해 포용되는 그러한 신앙과 인격의 사람으로 변화되어야 하기 때문이다.

악성(樂聖) 베토오벤은 음악가로써는 치명적인 귀머거리의 장애를 가졌었다. 밀턴은 눈이 멀어 앞을 보지 못하는 중에서 대 서사시인 『실락원』을 저술하였다. 우리를 힘들게 하는 나쁜 조건들이 삶의 앞길을 막고 기승을 부리고 있는가? 우리는 다른 사람의 잘못을 용납하기에 매우 힘들어한 경험이 있는가? 거듭되는 악운(惡運)으로 인해 우리 마음이 깊은 의문으로 괴로움을 당한 때가 있었는가? 그러한 나쁜 조건들은 우리가 무조건 피함으로만 해결되는 것이 아니며, 또한 피할 수 있는 것도 아니다. 우리를 깊이 좌절시키는 그러한 나쁜 조건들은 실상은 우리에게 해롭기만 한 것이 결코 아니다. 그러한 역경들은 오히려 우리를 성숙하고 온전하게 완성시키는 양약(良藥)과 같은 소중한 것들이다. 그렇기 때문에 우리는 메마른 땅에서 생수를 구하는 마음으로 감사의 우물을 파야 한다. 우리는 먼저 우리 주변에 있는 환경들에 대한 인식을 바꿀 수 있어야 한다. 믿음으로 하나님의 섭리를 보는 눈을 열기만 하면, 우리는 능히 감사의 우물을 파 내려갈 수 있다.

이스라엘의 모든 동네를 다 다니지 못하여서 인자가 오리라

예수님은 제자들을 둘씩 짝을 지어 파송하시면서 말씀하셨다. "보라 내가 너희를 보냄이 양을 이리 가운데로 보냄과 같도다 그러므로 너희는 뱀 같이 지혜롭고 비둘기 같이 순결하라"(마 10:16) 선한 복음의 일꾼들을 죄악이 가득한 세상으로 내보내는 일은 순한 양을 포악한 이리 떼 가운데 보내는 것과 같다고 할 수 있다. 과연 예수님은 제자들의 앞길에 미움과 박해가 있을 것을 말씀하신다. "또 너희가 내 이름으로 말미암아 모든 사람에게 미움을 받을 것이나 끝까지 견디는 자는 구원을 얻으리라 이 동네에서 너희를 박해하거든 저 동네로 피하라 내가 진실로 너희에게 이르노니 이스라엘의 모든 동네를 다 다니지 못하여서 인자가 오리라"(마 10:22-23)

세상으로 파송된 예수님의 제자들은 생명을 위협하는 미움과 박해를 만나야 했고 또한 급박한 마음으로 피해야만 했다. 그렇기 때문에 교회의 역사는 신앙을 위해 피 흘려야 했던 순교자들의 진한 이야기들을 기록하고 있다. 당신은 생명을 구걸해야 하는 절박한 위기를 상상

해본 일이 있는가? "정승집 개가 죽으면 문상객이 가득하지만 정작 정승이 죽으면 문상객을 찾아보기 힘들다"는 우리말 속담은 사람들의 인심이 어떠한가를 잘 보여준다. 생명의 위기를 만난 절박한 사람을 선뜻 도울 수 있는 사람은 그 때에나 지금이나 쉽게 찾아보기 힘든 것이 사람들의 사회에서 흔히 경험하게 되는 일반적인 모습이다. 그럼에도 불구하고 예수님은 박해의 위기를 만나는 제자들에게 능히 피할 길이 있다고 말씀하시며, 이 동네에서 박해를 만나면 저 동네로 피하라고 하신다. 즉 피할 곳이 전혀 없어 보이는 절박한 위기의 사정이라 할지라도 언제든지 피할 데는 예비 되어 있다는 것이 예수님의 말씀인 것이다.

내가 목회자의 길을 결단한 다음에 만난 일관된 경험들은 풍성한 은혜의 생활이 아니라, 완전한 단절과 막힘의 답답한 일들이었다. 나와 아내는 삶을 위협하는 고통의 힘든 조건들을 만났지만 사명의 길을 힘써 지키려 하였다. 그리고 우리는 거기서 신앙을 생명과 같이 소중히 여기는 자에게만 예비 되어 있는 은혜들을 많이 경험하였다. 밥을 굶어야만 하는 절박한 위기가 닥쳤지만, 그래도 우리는 세상의 직업으로 다시 나갈 수는 없었다. 나중에 보니 밥을 굶는 고통은 길어야 하루나 이틀이 고작이었다. 도움의 손길도 전혀 예상하지 못했던 곳으로부터 왔다. 마음을 의지하던 재물을 다 잃게 되고, 가난의 고통이 끊임없이 밀려왔으며, 우리는 삶의 소망이 없다고 느낄 정도로 인생의 소중한 젊은 시기들을 다 허비했다. 그 중에서도 가장 힘든 고통은 아이들의 고등학교 진학과 대학교 진학이 불가능한 절박한 사정을 만난 일이었다. 아이들에게 아무 재산도 물려주지 못하는 사정에서 공부라도 할 수 있어야 하는데, 우리는 그것이 전혀 불가능한 사정 가운데 있었기 때문에 마음이 아팠다. 그 즈음에는 아이들의 불만도 포화상태에 이르렀다. 그럼에도 불구하고 나와 아내는 사명을 붙들어야만 한다고 결정하였다.

우리가 진정한 주님의 제자가 되어 사명과 신앙을 붙들려 한다면 거기에는 언제든지 길이 있다는 것을 나는 말하려 한다. 그것을 나와 아내는 오랫동안 끈질기게 주어진 신앙연단의 경험들을 통하여 확인할 수 있었다. "끝까지 견디는 자는 구원을 얻으리라"고 예수님은 말씀하셨다. "이스라엘의 모든 동네를 다 다니지 못하여서 인자가 오리라"고 주님은 말씀해 주셨다. 우리가 중간에 낙심하여 포기하지만 않는다면 극심한 세상의 위협 가운데에서도 구원의 길은 언제나 열려 있다. 우리가 믿음마저 버리지 않는다면 우리에게는 언제든지 구원의 희망이 있다는 것을 나는 시련의 많은 경험들을 통하여 확인하였다.

구원을 향하는 제자들의 길은 결코 막힌 적이 없다. 그 길은 언제나 열려 있다. 그러므로 우리는 믿음을 가지고 그 구원의 은혜를 향해 힘있게 나아가야 한다.

인연의 끈은 강하지 않다

2000년 6월에 김대중 대통령은 북한의 지도자인 김정일 국방위원장과 만나는 결단을 하였다. 이 일은 남한과 북한이 과거 50년 동안이나 지속했던 대결과 반목의 시대를 마감하고 새로운 역사(歷史)의 장을 여는 전환의 계기가 되었다. 전 세계의 모든 사람들이 놀랐고, 언론은 한반도에서 일어난 이 변화에 주목했다. 그 이후 8월에 가진 남북 이산가족들의 만남을 지켜보면서 남한과 북한의 모든 사람들은 눈시울을 적셨고, 같은 민족이라는 공통된 인식으로 하나가 되었다. 우리는 여기서 인연의 끈이라는 것이 그렇게나 강하다는 것을 실감하였다.

그러나 나는 주님이 주시는 혹독한 시련을 겪으면서 인연의 끈은 그렇게 강하지 않다는 생각을 가지게 되었다. 사람을 힘들게 하는 환경의 압박이 강하게 눌러올 때, 사람이 마땅히 붙들어야 하는 인연의 끈을 쉽게 놓아버리는 가슴 아픈 일들을 우리는 종종 보게 된다. 어머니가 자기 아이를 버리는 일은 그렇게 쉬운 일이 아니고 또 사회적으로도 용납되기 어렵다. 그렇지만 우리는 부모로부터 버림을 받고 해외로 입양되어 성장하는 많은 한국의 아이들이 있다는 것을 잘 알고 있다. 부부를 맺어주는 인연의 끈은 그보다도 훨씬 약하고, 그리고 친구 간의 인연이라는 것은 조건에 따라서 쉽게 변하는 특성을 가지고 있다.

나는 아이들이 고등학교를 진학하던 해의 가을부터 그 이듬해의 늦은 봄까지 내가 담임했던 강원도 삼척시의 농촌 지역에 있는 ㅇㅇ교회에서 홀로 지내야만 했다. 나는 그해의 겨울 동안 난방시설이 전혀 없는 주거환경이 매우 열악한 곳을 지켜야만 했고, 그 때문에 내 몸과 마음은 겨울의 혹독한 추위에 그대로 노출되어 있었다. 나는 그때 인연의 끈은 강하지 않다는 것을 실감하였다. 환경의 어려움이 강하게 눌러오는 나쁜 상황에서도 자기의 도리를 지킬 수 있는 사람은 그렇게 많지 않을 것이라고 그때 나는 생각하였다. 그렇기 때문에 사람에 대한 원망도 부질없는 일이라는 것을 나는 알게 되었다. 감사하게도 나는 가정이 깨어지는 아픔을 겪지는 않았다. 그 때문에 나는 아내를 사랑하고 또 함께 연단으로 준비되는 목회의 동반자로써 부족함이 없다고 생각한다.

2000년 12월의 어느 날 오전 시간에 KBS는 남양만 활빈교회 김진홍 목사의 강연을 방영했다. 나는 거기서 김진홍 목사가 자기 아내와 아이들에 대해 말하는 것을 처음으로 보았다. 한 때 김진홍 목사는 정치범으로 구속되어 2년 옥살이를 하고 1976년에 출감하였다. 그런데 출감 일주일 후 그의 아내는 아이들을 데리고 미국으로 출국하였다. 당시에 그는 출국이 금지된 상태에 있었기 때문에 속수무책이었다. 그로부터 6년 후 그의 아내는 미국에서 재혼했다는 한 장의 엽서를 그에게 보내왔다. 그는 오랜 시간이 흐른 14년 후에 그의 딸이 병으로 중환

자실에 있다는 연락을 받았다. 그는 그 연락을 받고 미국으로 가서 아내와 아이들을 만날 수 있었다. 그의 이러한 이야기는 나의 마음을 찡하게 하였다.

모든 선한 조건들로부터 철저히 제외되고, 모든 사람들과의 관계가 단절되고, 가까운 사람들로부터도 불신과 외면을 당해야 하는 완전한 단절의 아픔을 만난다면 사람들은 어떻게 받아들일까? 나의 목회연단은 한마디로 이런 고통스러운 사정의 연속이었다. 고등학교의 공부를 마치고 대학교를 진학할 즈음에는 아이들도 가난하고 장래가 불투명한 현실을 매우 불만스럽고 힘들어했다. 아내의 믿음과 결정이 그래도 나의 입장을 지지해 준 것은 사명을 생각했기 때문이고, 하나님의 은혜로운 일하심이었다.

내게는 왜 이런 힘든 연단의 어려움이 주어지는가를 나는 수없이 생각해 보았다. 우리는 세상의 모든 좋은 조건들로부터 완전히 제외된 가운데에서도 신앙을 지킬 수 있는가? 이것이 나를 만드시는 하나님의 일하심이라고 나는 생각하였다. 신앙이 세상의 혜택을 가져다주는 좋은 조건에서는 신앙을 지키는 일이 조금도 어렵지 않을 것이다. 그러나 신앙을 지키는 일이 세상에서의 단절과 모든 선한 조건으로부터의 박탈이라는 힘든 결과를 가져온다면, 거기서 대부분의 사람들은 망설이게 될 것이다. 그렇기 때문에 세상 끝에 오는 시련의 때에는 배교(背敎)의 사상이 주류를 형성할 것이 분명하다고 나는 생각한다. 그렇지만 그러한 배교의 시대에도 신앙을 지키려는 소수의 진실한 성도들은 분명히 있을 것이다. 오직 신앙을 생명처럼 소중히 여기는 소수의 진실한 성도들만이 바른 길을 지키려 할 것이다.

에녹은 하나님과 300년을 동행하다가 죽음을 보지 않고 승천하였다(창 5:21-24). 이스라엘 나라 아합 왕의 시대에 선지자 엘리야도 회리바람을 타고 승천하였다(왕하 2:1-14). 그들은 과연 어떻게 하여 육신을 가진 모든 사람들이 거쳐야 하는 죽음을 보지 않고 승천할 수 있었는가? 에녹의 시대는 하나님을 향한 믿음이 없는 시대였다. 그렇기 때문에 거기서 하나님과 오랫동안 변함없이 동행한다는 것은 쉬운 일이 아니었다. 엘리야 선지의 시대는 불신과 배교의 사상이 이스라엘 온 사회에 팽배한 시대였다. 엘리야는 그러한 시대에 하나님의 종으로써의 외롭고 힘겨운 자리를 지켜내려고 모든 노력을 다하였다. 그 때문에 그는 죽음을 보지 않고 승천하였을 것이라고 나는 생각한다.

도저히 거절할 수 없는 신앙과 사명의 끈에 비하면 인연의 끈은 오히려 약하다고 아니할 수 없다.

제3장

우리는 사명으로 산다

신앙과 사명은 세상의 한계를 넘어선다
새 시대는 새로운 일꾼을 부르고 있다
생명을 지탱해 주는 것은 사명이다
주의 종은 사명에 생명을 걸어야 한다
사명을 저버리는 자에게는 죽음만 주어진다
어느 목사님 부부의 안타까운 결말

세상을 감당하는
믿음의 훈련

신앙과 사명은 세상의 한계를 넘어선다

우리는 신앙의 결과를 세상에서 얻게 되는 물질의 축복과 긴밀히 연결해서 생각하는 경향이 있다. 한 걸음 더 나아가서 세상의 기준에 의한 축복의 분량으로 사람들의 신앙과 사역의 질을 평가하려는 경향을 우리는 가지고 있다. 우리는 몸을 가지고 있으며 세상 안에서 살아가고 있기 때문에, 이는 오히려 당연한 일이라 할 수 있을 것이다. 그러나 신앙과 사명은 근본적으로 이 세상의 한계를 넘어서는 것이라는 이해(理解)가 우리에게는 꼭 필요하다.

나는 주의 종으로서의 철저한 사명의식과 진정한 신앙의 양심을 가지고 목회자의 삶을 살기 위해 노력했다. 그러나 나와 가족들은 목회자가 세상에서 당연히 받고 누려야 하는 생활의 기본적인 모든 혜택들로부터 철저히 제외된 상태에서 매우 오랜 동안 지내야만 했다. 그 즈음에 나는 간절한 기도에 대한 응답이 전혀 나타나지 않는 이해할 수 없는 현상들을 많이 경험하였다. 온 힘을 다하는 노력의 결과가 거듭되는 실망과 낙담이라는 수용하기 어려운 것들로 드러나는 것을 나와 아내는 경험하였다. 그러면서도 우리는 최선을 다하였고, 우리의 삶이 주님께 붙들려 있다는 것을 확신하였다.

신앙의 수고가 축복의 결과로 나타나지 않을 때 사람들을 흔히 이해할 수 없게 되고 실망하기 쉽게 된다. 그러나 그러한 현상은 우리 신앙이 과연 어떠한가를 여실히 드러내는 시금석(試金石)이 된다는 것을 우리는 꼭 기억해야 한다. 축복을 지향하는 신앙만으로는 이러한 시험(試驗)의 때를 이겨낼 수 없다. 신앙은 이 세상의 모든 한계를 넘어서는 것이라는 진정한 믿음으로만 우리는 이러한 성질의 시련을 넘어설 수 있다. 진실한 성도는 이러한 수준 높은 시험들을 지나면서, 사람들이 좋아하는 세상의 축복들이 신앙의 근원적인 데에까지 영향을 미쳐서는 안 된다는 것을 깨닫게 된다.

나와 나의 가족들은 세상의 힘에 의해 강요당하는 철저히 갇힌 상태를 매우 오랜 동안 경험하였다. 그것은 우리 가족에게 죽음의 기로(岐路)와도 같은 큰 시련으로 다가왔다. 우리가 만일 살기 위해 세상을 향한 길을 선택한다면 우리는 영혼이 죽는 결과를 만나게 될 것이다. 반대로 우리가 신앙과 사명을 위한 길을 선택하는 일은 매우 큰 부담을 안겨준다. 그 결정에는 세상에서 얻는 모든 혜택들의 박탈과 고난이라는 위협이 도사리고 있기 때문이다. 안타깝게도 수많은 사람들이 세상의 위협에 눌려서 생명의 길을 선택하지 못하였다. 예수님께 나아와 영생의 길을 찾기 원했지만 재산이 많기 때문에 근심하며 돌아간 부자 청년이 그 대표적인 예라 할 수 있다(마 19:16-22). 자기 목숨을 얻고자 하면 잃을 것이고 자기 목숨을 잃고자 하면 얻게 될 것이라고 예수님은 말씀하셨다(마 10:39). 진정한 믿음과 용기를 가진 사람은 사명과 신앙을 위해서라면 세상이 주는 죽음의 위협을 두려워하지 않는 사람이다.

신앙과 사명은 세상의 한계를 넘어선다. 신앙의 수고로 인한 축복의 결과를 이 세상에서 꼭 얻으려는 자세는 기복주의(祈福主義)로 연결될 수밖에 없다. 그러한 자세는 신앙으로 하여금 자기 욕망을 위한 시녀로 전락하게 만든다. 우리는 신앙과 사명을 이 세상의 그 무엇보다도, 생명보다도 더 소중히 여겨야 한다.

새 시대는 새로운 일꾼을 부르고 있다

내 나이 35세 되던 해에 나는 목회자의 생활을 시작하였다. 그때 나는 내 인생의 가장 소중한 것들을 아낌없이 주님을 위해 드리는 결단을 하였다. 나는 가장 소중한 젊음을 주님께 드렸고, 내 마음을 의지하는 물질도 모두 드리는 어려운 결단을 하였고, 내 삶에 주어진 거의 모든 지위와 기회들을 다 주님께 드리는 결단을 하였다. 만일 그렇게만 한다면 하나님께서는 목회자로 살아가는 나의 삶 위에 넘치는 은혜로 갚아주실 것이라고 기대하였다.

그러나 결과는 너무나도 다르게 나타났다. 어느 정도 장래가 보장된 교단의 신학대학원 입학시험에 합격은 하였으나 등록금을 마련하지 못하여 입학이 좌절되었고, 그 이후 나의 목회생활은 길고도 힘든 고난과 가난의 연속된 길로만 이어졌다. 감당하기 힘든 고통이 끊임없이 밀려왔고, 철저하게 막힌 가운데에서 헛되이 수고하는 목회의 어려움이 한이 없이 계속되었다. 그렇게 어려운 중에서도 늦게나마 한참 나중에 다른 교단 신학대학원에 입학하게 되었고 3년 동안 공부하고 졸업하게 된 것은 하나님의 은혜로운 인도하심이었다.

하나님께서 나를 지금까지 철저하게 막힌 가운데서 연단하시고 준비하신 것은 매우 귀중한 의미가 있다는 것을 나중에야 알게 되었다. 대부분 신앙의 사람들은 하나님께서 주시는 어느 정도의 넉넉한 조건 가운데에서 자신에게 맡겨진 사명을 감당하게 된다. 그러나 만일 하나님께서 축복 주시기를 거절할 때에도 우리는 신앙과 사명을 지킬 수 있을 것인가?

로마의 유적지인 카타콤 동굴의 모습에서, 나는 오직 신앙을 위해 생존의 모든 권리를 버리는 결단을 했던 진정한 신앙의 선배들을 생각해 본다. 그런 의미에서 장차 다가올 마지막 환난의 때는 엄청난 배도(背道)의 시대가 될 것이 분명하다. 지금까지 누려온 삶의 모든 권익으로부터 철저히 배제되면서도 신앙과 사명을 지킬 수 있는 진실한 신앙의 사람들은 그렇게 많지 않을 것이 분명하다. 지금 한창 부흥과 번영을 누리는 대부분의 목회자들과 현세의 축복을 신앙의 최대목표로 삼는 대부분의 성도들이 거의 모두 실족하게 될 것이 분명한데, 왜냐하면 그들이 이미 너무도 깊이 세상의 재미를 누려왔기 때문이다.

새로운 시대는 거기에 맞는 새로운 일꾼을 반드시 필요로 한다. 지금까지 축복의 모든 조건들을 마음껏 누려온 사람들은 신앙을 생명보다도 더 소중히 여겨야 하는 분명한 분리(分離)의 시대에는 적합한 일꾼이 될 수 없을 것이라고 나는 생각한다. 마지막 때에는 많은 사람들이 살기 위해 자기 영혼을 팔게 될 것이기 때문이다. 그러나 그 때에도 신앙에 대한 진지한 자세로 바른 길을 찾으려는 사람들이 분명히 있을 것이다.

하나님께서는 시대마다 일꾼을 번갈아 가며 사용하신다. 새롭게 세워지는 신선한 일꾼을 통하여서 새 역사의 장을 열어 가시는 것이 하나님의 역사진행 방법이다. 그렇기 때문에 새롭게 성장하는 사람이라면 누구든지 새로운 시대의 새로운 사역을 위해 준비되고 있다고 할 수 있다. 이런 의미에서 우리는 미래를 지향해야 하고 또한 열린 마음을 가져야 한다. 믿음의 온전한 도리를 위해서라면 고난과 역경의 혹독한 시련이라도 능히 극복해 낼 수 있는 사람이 거기에 합당한 사람이라고 나는 생각한다.

생명을 지탱해 주는 것은 사명이다

사람의 생명을 유지시켜 주고 삶을 가능하게 해주는 것은 무엇인가? 대부분의 사람들은 건강과 물질의 넉넉한 공급이 세상의 삶을 위한 필수적인 요소라고 쉽게 생각하고 있다. 그러나 사람의 삶을 진정으로 가능하게 해 주는 것은 물질이 아니라 사명(使命)이라고 나는 생각한다.

사람은 이 세상에 자연발생적으로 생겨난 존재가 결코 아니다. 사람은 누구든지 창조주이신 하나님으로부터 삶의 기회와 함께 삶의 사명을 부여받았다. 그렇기 때문에 누구든지 한 번뿐인 삶의 기회를 소중히 여겨야 하며, 특별히 자신의 할 일이 무엇인지를 알고 감당하는 일이 무엇보다도 중요하다. 우리는 다 하나님 앞에서(코람 데오, Coram Deo)의 삶을 살고 있으며, 인생에는 무분별하게 쾌락을 추구해도 좋을 만한 방종의 기회가 많이 허락되어 있지 않다.

자신이 감당해야 할 사명을 위해 자신에게 주어진 여건들을 충분히 사용할 수 있는 사람은 진정으로 복된 눈이 열린 사람이다. 그러나 대부분의 사람들은 세상적 욕심에만 마음이 붙들려서 자기가 맡아야 할 사명을 망각하며 살아가고 있다. 신앙생활에서도 사명을 감당함으로 얻게 되는 진정한 축복보다는 이 세상의 행복을 위한 물질의 축복에 더 큰 관심을 보이는 것이 대부분의 경향이다. 그러한 신앙자세는 자기의 축복만을 자랑하기 때문에 이웃이 당하는 고통을 당연하게 생각하기 쉽고, 주님을 위해 고난당하는 일을 외면하게 된다. 그러나 우리가 진정으로 추구해야 할 축복은 세상에서의 사명을 감당함으로 주님께서 이 세상과 오는 세상에서 주시는 영원하고 썩지 않을 축복인 것이다.

예수님께서 말씀하신 어리석은 부자의 비유는 우리에게 잘 알려져 있다(눅 12:16-21). 그는 풍성한 추수의 축복에 대하여 감사해야 했으며, 그것을 가지고 해야 할 일이 무엇인가를 생각해야만 했다. 왜냐하면 그는 이미 안정된 생활을 보장받고 있었기 때문이다. 그러나 그의 생각은 전혀 다른 곳에 있었다. 그는 지금의 곳간으로서는 그 풍성한 추수의 축복을 쌓아둘 공간이 부족하다고 생각하였다. 이 때문에 그는 새로운 계획을 세우기에 마음이 바빴고, 곧 그 계획을 실행에 옮기는 힘든 수고를 마다하지 않았다. 그는 곳간을 헐고 새로운 큰 곳간을 지어서 거기에 여러 해 쓸 물건을 넉넉히 쌓아두고, 그리고 편하고 행복한 삶을 영위하려 하였다. 그는 자신이 세운 계획을 성취하기 위하여 쉬지 않고 일하였다. 그러나 그 모든 계획한 일들을 다 마치게 되는 그 밤에 하나님께서는 그의 영혼을 거두어 가셨다.

생명을 지탱해 주는 힘은 사명에서 나온다. 그것은 물질이나 건강이나 이 세상의 요소에 의존하는 것이 아니다. 왜냐하면 생명의 주인은 하나님이시기 때문이다. 아직도 해야 할 일이 있기 때문에 우리는 생명을 지탱해 나가고 있는 것이다. 우리가 무언가 세상에서 유익을 끼치기 때문에 아직도 우리에게는 삶의 기회가 제공되고 있는 것이다. 존재의 의미를 상실한 사람, 그가 있음으로 해서 이웃과 세상에 해악(害惡)만 끼치는 사람, 있는 것보다는 차라리 없는 것이 더 나은 사람의 생명을 하나님께서는 거두어 가신다는 것을 우리는 꼭 기억해야 한다.

삶의 기회는 바로 사명의 기회이다. 그러므로 우리는 기회가 주어지는 대로 최선을 다해 일해서 주님 앞에 부끄럼이 없이 설 수 있어야 한다.

주의 종은 사명에 생명을 걸어야 한다

나의 목회생활 중 가장 힘들었던 어느 해 봄에 나는 충청남도에 있는 어느 기도원에서 38일 동안 장기금식을 하였다. 나는 그때 너무도 깊은 절망감 속에 있었다. 내 나이 35살이 되던 해에 시작된 목회는 이제 십여 년이라는 길고도 힘든 세월을 넘기고 있었고, 나는 완전히 실패한 목회자의 모습으로 드러나 있었던 것이다.

그 해의 2월에 아이들의 고등학교 진학이 전혀 불가능해졌을 때, 아내는 내게 말하였다. "만일 하나님께서 아이들을 고등학교에 보내주지 않는다면 목회를 하지 맙시다." 나는 그 말에 즉시 동의(同意)하였고, 만일 그렇다면 정말 목회를 그만두어야 하겠다고 생각하였다. 날짜는 지나가는데도 사정은 점점 더 어려워지기만 하였다. 아이들이 중학교에 진학할 때는 하나님께서 꽤 넉넉하게 해 주셨는데, 고등학교를 진학할 때는 숨 쉴 여유조차 없도록 궁핍이 기승을 부렸다. 필름 한 통 살 여유마저 없어서 사진을 한 장도 찍지 못하는 너무도 섭섭한 아이들의 중학교 졸업식을 지냈다. 그런데도 아이들은 별로 서운한 내색을 하지 않아 정말 고마웠다. 아이들을 가까운 지역의 고등학교로 보낼 것인데 괜히 충남 천안으로 보내기로 결정한 것 같이 생각되었다. 공부를 잘하는 아이들을 가까운 강원도 삼척시의 농촌 지역에 있는 ㅇㅇ고등학교로 보내는 것은 아이들의 장래를 망치는 일이기 때문에, 기숙사 시설이 있는 천안의 ㅇㅇ고등학교로 보내기로 어렵게 결정하였다. 아이들의 1/4분기 기숙사비와 교복값으로 당장 200만원 정도의 거금이 필요했지만 그 때 우리에게는 너무나도 여유가 없었다.

새 학기가 시작되는 3월의 첫 주간이 되어도 우리는 아이들을 학교에 보낼 수 없었다. 학교에서도 여러 번 연락이 왔지만 너무나 속수무책이었다. 그 주간에 나와 아내는 동네 사람들이 모르도록 밤에 교회에 가서 울면서 기도하였는데, 그것은 기도가 아니라 통곡이었다. 아내의 울음은 절규에 가까웠고 밤새 그칠 줄을 몰랐다. 3월 첫 주의 그 한 주간 동안 우리 가정에는 마치 죽음과도 같은 절망감이 가득했고 우리 가족 모두는 몸과 마음이 지쳐 있었다. 그런데 그 주간의 목요일 오후가 되었을 때, 하나님께서 우리의 마음을 깨우쳐 주셨다. 놀랍게도 나와 아내는 거의 같은 시간에 같은 생각을 하게 되었다. 그것은 아이들의 고등학교 진학을 포기할지라도 목회는 결코 포기할 수 없다는 생각이었다. 아이들의 학업은 이 세상의 일이지만 목회의 사명은 이 세상과 오는 세상의 일이기 때문이었다. 그러한 결정은 정말 너무도 가슴 아픈 결정이었다. 우리는 아이들의 고등학교 진학에 대하여 마음을 비우기로 하였고, 아이들에게도 그렇게 말하였다.

그런데 그 다음 날인 금요일 오후 거의 같은 시간에 나와 아내는 또 같은 생각을 하게 되었다. 이번에는 아내가 먼저 내게 말하였다. 그것은 아이들이 학교에 갈 수 있다는 확신을 우리가 가진 것이었다. 그렇다. 아이들은 학교에 갈 것이 분명하였다. 이 모든 어려운 사정은 진실이 아니었다. 그것은 단지 우리의 믿음을 시험하고 단련하기 위해 하나님의 손에 의해 연출된 무대에 불과했다. 하나님께서는 아이들의 진학을 처음부터 보장하고 계신 것이 확실하였다. 그 깨우침은 하나님께서 우리 눈을 열어 보게 하고, 우리의 영적인 실상을 우리 부부에게 알게 해준 것이 분명했다. 그렇지만 토요일이 지나면서도 아무런 변화가 없었다. 주일 오후가 되면서 우리에게는 먹을 양식이 떨어졌다. 마침 아이들이 가지고 있던 5,000원짜리 도서상품권 2장을 돈으로 바꾸어 라면을 사왔다. 그러나 그것도 월요일 점심까지가 그만이었다. "이제는 혹시 하나님께서 일하시지 않을까?"라고 나는 생각하였다. 예상은 적중하였다. 그날 오후 2시쯤 천안에서 목회하는 처남댁인 ○○○ 사모로부터 전화가 왔다. 처남댁은 매우 급한 어조로 말하였다. 우선 차비를 보내줄 테니 무조건 오라는 것이었다. 아이들은 그 다음날인 3월 10일 화요일 오전에 기숙사에 입사하고 고등학교의 공부를 시작할 수 있었다.

나는 그때 삶의 힘겨움을 깊이 경험하였다. 살아간다는 것의 무게가 내 마음을 눌러왔고 앞으로 어떻게 살아야 할 것인가를 생각할 때 도무지 막막하기만 하였다. 사십의 절반을 넘어 오십을 바라보는 나이에 몸 밖에는 전혀 가진 것이 없는 현실이 너무도 비참하게 생각되었다. 최소한 아이들이 대학교만은 졸업할 수 있어야 하는데, 그것이 전혀 불가능한 사정 가운데 있었기 때문에 나는 아이들을 대할 면목이 없었다.

아이들을 어렵게 고등학교에 보낸 그 다음 주일부터 나는 40일을 목표로 하는 장기금식을 시작하였다. 그 때의 나의 사정은 모든 것이 거의 절망적이었다. 과연 앞으로 어떻게 살아야 하는지 그저 막연하게만 생각되었다. 금식이 중반을 넘어서던 어느 날 나는 기운 없는 몸으로 따사로운 봄볕이 내리쬐이는 기도원 벤치에 앉아 있었다. 그때 문득 한 가지의 생각이 내 마음 깊은 곳을 두드렸다. 그때 나는 만일 하나님께서 나를 주의 종으로 사용해주지 않는다면 나의 삶은 더 이상의 의미(意味)를 가지지 않는다고 생각하게 되었다. 나의 삶은 오직 하나님의 종으로서만 그 의미를 가지는 것이고, 만일 주의 종으로서가 아니라면 그것은 살아도 이미 죽은 것이었다. 여기서 나는 주님의 종으로서 만의 내 존재의 의미를 새로이 확인하였다. 그렇다, 앞으로 나는 주의 종으로서 만의 삶을 살아가야 한다고 생각하였다.

그때 나는 내 삶의 의미와 목적을 새롭게 확인하였다. 젊음과 정열이 넘쳤던 이십 대 시절에 나는 인생에 대한 나름대로의 희망으로 가슴을 가득 메웠었다. 이제 사십의 중반을 넘어 오십을 바라보는 나이에 내게 남겨진 것은 그렇게 많지 않다. 인생의 가장 소중한 기회인 삼십 대와 사십 대를 혹독히 연단 받는 가난한 목회자로 살면서, 나는 너무도 준비된 것이 없는 결과만을 얻게 되었다. 이제 내게는 주님의 말씀을 섬기며 강단을 붙드는 종으로서의 삶 외에는 아무 것도 없다. 이것만이 내게 남겨진 유일한 삶의 사명과 목표이다. 이 한 가지를 위해 주님은 나의 삶을 오랫동안 이렇게 준비해 오신 것이다.

아이들이 고등학교에 입학한 그 해의 1학기 동안 학교 기숙사비를 한 푼도 내지 못했기 때문에, 2학기 개학할 때 아이들이 기숙사에서 퇴사를 당하였다. 할 수 없이 아내는 아이들과 함께 천안의 막내 처남네 집에 남겨지고, 나는 혼자 강원도 삼척시 농촌 지역의 ㅇㅇ교회로 돌아왔다. 그때의 절망감은 너무도 커서 온 가슴을 메워 왔다. 산골마을의 가을이 깊어가고 추운 겨울이 다가오면서 나의 몸과 마음은 쓸쓸함과 추위에 그대로 노출되어 있었다. 그 다음 해 4월의 봄 노회가 끝날 때까지 나는 혼자서 그곳을 지켜야만 했다. 나는 그때 살면서 경험하게 되는 외로움을 깊이 느꼈다. 나는 그 겨울에 내가 앞으로 목회하는데 필요하지 않은 모든 것들을 다 불에 태워 정리하였다. 그 때의 내 마음은 마치 죽음을 앞두고 모든 것을 정리하는 사람의 마음과도 같았다.

사명을 저버리는 자에게는 죽음만 주어진다

나와 아내가 길고도 지루하게 감당해야만 했던 목회연단의 대부분은 사명 감당에 대한 것이었다. 하나님께서 원하시는 대로 목회자의 삶을 결정하기만 하면, 그 후로는 하나님께서 형통한 길을 열어주실 것이라고 우리는 순진하게 생각하였다. 그렇기 때문에 목회자의 삶으로 결단하던 그 때에 우리는 오히려 새로운 삶에 대한 기대(期待)를 가졌었다. 그러나 정작 우리가 만나게 된 현실은 그러한 순진한 생각과는 전혀 다르게 전개되었다. 겹쳐오는 가난과 고통 중에서도 나와 아내는 진실한 목회자의 삶을 결코 버리지 않으려고 힘써 노력하였다. 우리는 세상 끝에 있는 경험을 수없이 하였고, 그럼에도 불구하고 신앙과 양심에 어긋나지 않는 삶을 살기 위해 애를 썼다.

길고도 힘들게 계속되는 시련은 나와 아내를 지치게 하였고, 설상가상으로 우리는 아이들의 고등학교 진학이 전혀 불가능한 절박한 사정을 만나게 되었다. 아이들의 장래 앞에서 나와 아내의 마음은 흔들렸다. 만일 아이들이 고등학교를 진학할 수 없다면 목회를 그만두어야 하겠다고 나와 아내는 생각하였다. 정말로 아이들이 고등학교를 갈 수 없다면 그것은 우리 부부에게 깊은 상처를 주는 일이 될 것이고, 우리를 아는 주변의 사람들에게도 실망을 줄 것이고, 무엇보다도 아이들이 입게 될 상처와 절망감은 너무나도 감당하기 힘들게 될 것이기 때문이었다. 신학기가 시작되는 3월의 첫 주간을 울음으로 지내면서 우리는 가슴 아픈 결정을 하였다. 그것은 아이들이 고등학교 진학을 못하게 되더라도 목회의 사명만은 결코 저버릴 수 없다는 것이었다.

그때 나는 생각하였다. 만일 목회자의 사명을 버린다면 평신도로서의 신앙은 그대로 유지할 수 있을 것인가? 사명을 저버리는 자는 신앙도 버리는 자이며, 그는 모든 구원의 은혜로부터 제외되는 자가 된다는 것을 그때 나는 분명히 깨달았다. 목회자에게만 사명이 있는 것이 아니라 평신도에게도 사명이 있다. 목회자의 사명만이 소중한 것이 아니라 평신도의 사명은 더 소중하다. 목회자는 하나님의 말씀을 전문적으로 연구하며 그 말씀으로 교회와 세상을 섬긴다. 평신도는 세상의 직업을 가지며 신앙인의 삶으로 교회와 세상을 섬긴다. 목회자는 신앙인의 삶을 가르치며 바른 방향을 제시한다. 평신도는 그 삶을 생활 속에서 실천하며 세상을 변화시킨다. 목회자의 사명이 소중한 그 이상으로 평신도의 사명은 더 소중하고 막중하다. 목회자의 사명이 평신도의 사명보다 우월한 것이 결코 아니다. 그 때문에 목회자의 사명을 저버리는 자가 평신도의 평범한 신앙생활로 남아있을 수 있는 것이 결코 아니다. 사명을 저버리는 자에게는 오직 영혼의 죽음만이 주어질 뿐이다. 우리 성도들은 하나님으로부터 사명을 받아 살아가고 있다. 공평하신 하나님께서는 우리의 능력과 자질을 따라서 어떤 이에게는 다섯 달란트를, 어떤 이에게는 두 달란트를, 그리고 다른 이에게는 한 달란트를 주셨다. 물질이 우리의 삶을 지탱해 주는 것이 아니다. 우리가 유지하는 삶의 힘은 사명으로부터 나온다.

사명은 이렇게 존재의 의미와 연결된 것이다. 우리가 삶의 온 힘을 다해서 사명을 감당해야만 하는 이유가 여기에 있다. 사명을 저버리는 자에게는 죽음만이 주어지기 때문이다.

어느 목사님 부부의 안타까운 결말

내가 평소에 존경하던 어느 목사님 부부가 있었다. 그분들은 나보다 약 십년 이상 연배이며, 내 신앙과 사역의 상담자가 되어주었고, 물심양면의 조력자가 되어주었다. 그 목사님은 마치 선비 같은 기품이 있어서 쉽게 범접할 수 없는 분이셨다. 그 사모님은 예언의 은사가 있어서 예언의 말씀을 통하여 낙심한 사람들에게 많은 위로를 주었다. 그분들은 어려운 농촌 지역에 교회를 개척하여 후임자에게 인계하였고, 또 다른 지역에 교회를 설립하여 그 교회를 담임하고 있었다.

그런데 어느 날 아주 난감한 일이 벌어졌다. 한 정신병자가 칼을 들고 그 교회에 나타난 것이었다. 그 정신병자는 시도 때도 없이 그 교회에 나타나서 칼로 사람들을 위협하였고, 한번은 목사님 가정에 난입하여 칼로 위협하고 목사님의 아들이 다치는 일이 벌어지기도 하였다. 이때 사모님은 겁이 덜컥 났다고 한다. 잘못하다가는 목사님 뿐 아니라 가족들이 칼에 찔려 죽을 것 같은 생각이 들었고 몸과 마음이 떨렸다고 한다. 그 교회와 사택에 더 이상 있어서는 안 되겠다는 생각이 들었고, 그래서 속히 그곳을 떠나야 하겠다는 생각을 하였다. 그렇지만 그 목사님 부부는 그동안 오직 목회에만 전념해왔기 때문에 가진 것이 없었고 다른 아무 준비가 없었다.

결국 그 목사님 부부는 어느 정도의 돈을 받고 그 교회를 후임 목사님에게 넘겼고, 자녀들이 보태준 돈을 합하여 다른 곳에 살만한 집을 장만하여 이사를 하였다. 그것은 실상 자신이 개척한 교회를 후임자에게 돈을 받고 판 것과 다름이 없었다.

본격적인 문제는 그 다음부터였다. 정신병자의 칼부림 위협으로부터 벗어나 목회 사역지를 버리고 안전한 곳으로 피신한 그곳이 바로 그들의 영적 무덤과 다름이 없다는 것을 알게 된 것이었다. 그 목사님 부부는 작은 위협에 눌려서 그렇게 쉽게 목회 사역지를 버리게 된 것을 가슴 깊이 후회하였고 이후 그 목사님에게는 더 이상 목회의 기회가 주어지지 않았다. 한참의 시간이 흐른 후 나는 그 목사님이 돌아가셨다는 소식을 듣게 되었다.

그 목사님 부부는 참 신실했고 열심히 일하였다. 그렇지만 결과적으로 그들은 죽음이 두려워서 사명을 저버린 사람들이 되어버린 것을 부인할 수는 없다. 그분들이 죽기를 각오하고 그 사명의 자리를 지켰다면 그런 위협쯤은 넉넉히 이겼을 것이고, 그 이후에는 큰 부흥과 축복이 예비 되어 있었다는 것을 나는 생각하게 되었다.

어느 날 나는 신사참배를 거절해서 목숨을 버리는 일이 참으로 쉽지 않은 일이라는 생각을 하게 되었다. 왜냐하면 아주 조금만 타협하고 물러서면 소중한 목숨은 지킬 수 있을 것이기 때문이다. 신앙과 양심을 지키기 위해 죽음의 위협과 맞부딪친 선배들의 신앙을 우리는 이어받아야 한다. 왜냐하면 우리의 신앙과 삶은 심판자이신 하나님 앞에 있기 때문이다.

제4장

우리는 이미 승리 안에 있다

선한 목자와 삯꾼 목자의 차이는 크지 않다
가룟 유다는 야비한 사람인가?
낙심할 줄 모르는 믿음이 권능을 창출해 낸다
성도는 고난 속에서 승리의 확신을 갖게 된다
참된 능력은 고난 속에서 나타난다
나는 완전한 막힘과 완전한 열림을 함께 경험하였다
주님의 이름으로 고난당하는 자의 기쁨

세상을 감당하는
믿음의 훈련

선한 목자와 삯꾼 목자의 차이는 크지 않다

예수님은 말씀하셨다. "나는 선한 목자라 선한 목자는 양들을 위하여 목숨을 버리거니와 삯꾼은 목자가 아니요 양도 제 양이 아니라 이리가 오는 것을 보면 양을 버리고 달아나나니 이리가 양을 물어가고 또 헤치느니라 달아나는 것은 그가 삯꾼인 까닭에 양을 돌보지 아니함이나 나는 선한 목자라 나는 내 양을 알고 양도 나를 아는 것이 아버지께서 나를 아시고 내가 아버지를 아는 것 같으니 나는 양을 위하여 목숨을 버리노라"(요 10:11-15)

삯꾼 목자와 선한 목자는 둘 다 양치는 일을 자신의 직업으로 해서 살아가는 사람이다. 양치는 일은 그들의 전문직이기 때문에 그들은 그 분야에서는 전문적이고 해박한 지식과 기술을 가지고 있다. 겉으로 보기에는, 그리고 평상시에는, 누가 삯꾼 목자이고 누가 진실한 목자인지 구별해 내기가 거의 불가능하다. 어쩌면 진실한 목자보다 삯꾼 목자가 더 유능한 목자인 것으로 인정될 가능성도 많이 있다. 거짓과 선전이 난무하고 진실이 쉽게 왜곡되는 오늘의 현실에서는 선한 목자가 오히려 무능력한 사람으로 드러나게 되기가 일수이기 때문일 것이다. 삯꾼 목자와 선한 목자의 구별은 아주 중요한 때에만 극명(克明)

하게 드러나게 된다. 즉 양들의 생명이 위기에 처하게 되고, 또한 그와 함께 목자의 생명이 위태로운 때에만 그 구별이 나타나게 되는 것이다.

자기의 일을 자신의 삶에 지워진 운명(運命)으로 여기는 사람들을 나는 종종 보게 된다. 인생의 중반을 넘어서면서, 그동안 잘 알지 못하고 행했던 자기의 일에서 깊은 자기 정체성을 발견하게 되는 사람들을 나는 가끔 보게 된다. 젊은 시절 우리들의 마음을 감동시켰던 가수 양희은이 어느 TV 프로에 출연했다. 그는 말하기를 사십의 나이를 넘긴 어느 날인가 문득 자신은 노래와 결코 떨어질 수 없는 관계에 있다는 것을 알게 되었다고 하였다. 소설 『혼불』의 작가 최명희는 다음과 같이 썼다. "줄 타는 광대가 줄을 떠날 수 없는 것은 그의 몸을 돌고 있는 피가 그를 부르기 때문입니다."

나의 목회는 길고도 힘든 연단의 과정을 거치면서 인생의 가장 소중한 기간을 헛되이 허비해온 것 같이만 생각되었다. 그 긴 동안에 우리 가족은 대부분의 목회자들이 마땅히 누리는 세상의 모든 혜택으로부터 철저히 제외된 상태에 있었다. 최선의 노력이 응당한 결과를 가져오지 않는 현실에서 좌절하지 않을 사람은 없을 것이다. 그래도 나와 아내는 순진한 믿음을 가지고 사명의 삶을 위하여 최선을 다하였다.

그런데 아이들의 고등학교 진학이 위기를 만나면서 우리의 마음은 흔들렸다. 단지 부모가 무능한 목회자이기 때문에 아이들의 삶에 큰 영향을 미치고 그들의 마음에 치유할 수 없는 깊은 상처를 준다는 것은 우리로서는 너무도 감당할 수 없는 힘든 일이었다. 신학기가 시작되는 3월의 첫 주간에 나와 아내는 밤마다 목 놓아 울었고, 결국 우리는 사명을 지키기 위해서는 아이들의 학업마저도 포기하려는 가슴 아픈 결단을 하였었다. 그리고 그 이후 더욱 더 우리를 힘들게 했던 것은 아이들이 고등학교를 다니던 3년 내내 우리 아이들의 대학진학이 전혀 불가능한 사정 가운데 있었던 것이었다.

나와 아내에게 주어진 가슴 아픈 시련의 일들은 수없이 많았고 그 기간도 또한 길었다. 그 아프고 힘든 과정을 거치면서, 우리는 상처받고 흔들리는 마음을 가다듬고 정리하였다. 그 어떠한 시련과 아픔이 우리에게 온다고 할지라도, 우리의 삶에 주어진 사명만은 결코 버릴 수 없다는 것이 우리가 내린 마지막의 결론이었다. 우리는 그동안 하나님의 강한 손 안에 있었고, 사명 앞에 생명을 내놓는 선한 목자의 준비를 해온 것이었다.

가슴을 에는 아픔들을 만나면서, 나와 아내는 점점 믿음의 사람으로 준비되어 갔다. 그리고 그것은 분명히 그동안 알지 못했던 새로운 사실에 대한 놀라운 발견이 되었다. 우리는 세상의 끝에 있는 경험을 수없이 하였는데, 그러나 그곳이야말로 바로 하나님께서 보장하시는 넉넉한 은혜의 한가운데라는 사실을 발견한 것이었다. 즉 우리는 가슴 아픈 일들을 만날수록 더욱 더 하나님이 예비하신 놀라운 은혜를 경험하게 되었던 것이다.

막막한 사정을 만나면서 하나님만을 전적으로 의지해 본 경험이 있는가? 대부분의 사람들은 이 경우 자신의 문제를 해결하기 위해 잘못된 방법인 줄 알면서도 인간적인 방법을 동원하게 된다. 선한 목자와 삯꾼 목자의 차이는 아주 작다. 그것은 하나님의 은혜를 아는가와 모르는가의 차이인 것이다.

가룟 유다는 야비한 사람인가?

우리들 대부분은 가룟 유다를 아주 야비하고 나쁜 사람으로 이해하고 있다. 그는 예수님을 따르기로 결단하고 순종했던 12제자 중의 한 사람이었다. 그는 예수님의 이름으로 권능을 행하기도 하였고, 돈궤를 책임지는 매우 중요한 직분을 맡기도 하였다. 그러나 그는 대제사장과 결탁하여 은 30냥을 받고 예수님을 팔아넘긴 사람이 되었다. 이 일에 대하여 예수님은 그에게 말씀하셨다. "인자는 자기에 대하여 기록된 대로 가거니와 인자를 파는 그 사람에게는 화가 있으리로다 그 사람은 차라리 태어나지 아니하였더라면 제게 좋을 뻔 하였느니라" (마 26:24)

그가 예수님을 선생으로 섬기고 따른 것은 경건한 유대인의 메시야관에 근거한다. 가룟 유다는 다른 제자들과 마찬가지로 예수님께서 장차 이 땅에 세울 메시야 왕국의 주인이 되실 것이라는 믿음을 가졌다. 그러기에 가룟 유다의 신앙은 전통적인 유대인의 그것으로 조금도 손색이 없다고 보아야 할 것이며, 그는 진정으로 메시야를 위해 최선을 다하는 삶을 살았을 것이다. 당시에는 가룟 유다뿐 아니라 베드로를 비롯한 모든 제자들이 그들의 선생인 예수님에 대해 이러한 생각을 가졌었다.

예수님이 장차 예루살렘에 올라가 장로들에게 잡혀 죽임을 당하게 될 것이라는 수난예고는 공생애 사역의 말기에 이루어진 것을 복음서들은 보여준다. 예수님이 하루는 가이사랴 빌립보 지방에 가셨을 때 제자들에게 물으셨다. "사람들이 나를 누구라고 하느냐"(막 8:27) 당시 사람들의 대부분은 예수님이 세례 요한, 엘리야, 또는 선지자 중의 하나일 것이라고 생각하고 있었다. 이 때 예수님은 제자들에게 "너희는 나를 누구라고 생각하느냐?"고 물으셨고, 베드로가 바르게 신앙을 고백하였다. "또 물으시되 너희는 나를 누구라 하느냐 베드로가 대답하여 이르되 주는 그리스도시니이다 하매"(막 8:29) 거기서 비로소 예수님은 자신이 장차 받아야할 고난의 내용에 대해 제자들에게 말씀해 주셨다. "이에 자기의 일을 아무에게도 말하지 말라 경고하시고 인자가 많은 고난을 받고 장로들과 대제사장들과 서기관들에게 버린바 되어 죽임을 당하고 사흘 만에 살아나야 할 것을 비로소 그들에게 가르치시되"(막 8:30-31)

제자들은 장차 예수님이 예루살렘에 올라가서 신정왕국을 건설하고 그 왕이 되어 다스리실 것이라고 기대하였다. 그러므로 저들 중에는 보다 높은 자리를 차지하기 위하여 논쟁하는 자들도 있었다. "세베대의 아들 야고보와 요한이 주께 나아와 여짜오되 선생님이여 무엇이든지 우리가 구하는 바를 우리에게 하여 주시기를 원하옵니이다 이르시되 너희에게 무엇을 하여 주기를 원하느냐 여짜오되 주의 영광 중에서 우리를 하나는 주의 우편에 하나는 좌편에 앉게 하여 주옵소서"(막 10:35-37) 그러나 예수님은 제자들의 이러한 기대에 부응할 수 없었다. 예수님은 장로들과 대제사장들과 서기관들에게 잡혀 죽임을 당하기 위하여 예루살렘에 올라가신다는 것이었다. 그렇기 때문에 예수님은 굳은 각오를 가지고 제자들과 함께 예루살렘을 향해 길을 떠났고, 그들의 분위기는 매우 무거웠다.

자신이 희망을 가지고 최선을 다한 일이 헛되이 수고한 결과로 돌아올 때 사람들을 어떠한 반응을 보이게 될 것인가? 가룟 유다가 예수님을 넘겨주고 받은 돈은 고작 은 30냥에 불과했고, 그것은 종 한 사람의 값을 받은 것이었다. 가룟 유다는 그 보잘 것 없이 적은 돈에 예수님의 생명을 팔아 넘겼지만, 실상 그 결과는 자신의 생명을 팔아넘긴 것과 마찬가지였다. 그만큼이나 그가 가졌던 기대는 여지없이 무너져 내렸고, 그러한 깊은 좌절과 원망이 그동안 믿고 따랐던 선생을 팔아넘기는 비상식적인 행동으로 드러난 것이었다.

사람의 생애에서 삼십대와 사십대와 오십대는 가장 소중한 기간이라 할 수 있을 것이다. 나는 이 소중한 삶의 기간을 오로지 목회자의 길에 헌신했고, 이제 와서 생각하니 보람되거나 가치 있는 아무 것도 남은 것이 없는 결과만을 초래한 듯이 보였다. 성공적인 목회자의 허상을 좇아서 지금껏 정신없이 살아온 결과는 여지없는 인생의 실패 바로 그것이었다. 여기서 나는 무엇을 생각해야 하는가? 가룟 유다는 야비한 사람이 결코 아니라고 나는 생각한다. 왜냐하면 그가 선생인 예수님을 팔아넘긴 것은 자신의 출세나 영달을 위한 것이 아니었기 때문이다. 그러한 행동은 모든 수고를 다한 다음에 그가 마음에 가진 낙심과 좌절의 분량이 얼마나 컸는가를 다만 상징적으로 보여줄 뿐이다.

하나님께서 택함 받은 성도들에게 요청하시는 믿음은 세상의 기준을 넘어서는 수준이라는 것을 우리는 꼭 기억해야 한다. 신앙의 수고와 그로부터 비롯되는 세상의 축복이 함께 평행선을 달릴 때도 물론 있다. 신앙의 수고가 하늘의 보화뿐 아니라 세상에서의 축복이라는 좋은 결과를 가져다주는 조건이라면 무엇을 걱정할 필요가 있겠는가? 그러나 정작 중요한 때는 우리가 신앙과 세상 이 둘 중에서 오직 하나만을 선택해야 할 것을 요청 받는 때인 것이다. 삶의 모든 기반을 잃어버리게 되고, 죽음의 위협 앞에서 도움을 얻을 길이 없으며, 장래가 불투명한 조건을 만나면서도 신앙을 선택한다는 것은 세상의 정상적인 생각을 가진 사람에게는 거의 불가능한 일이 될 것이다. 오직 신앙을 생명처럼 소중히 여기며, 사명을 위해서라면 그 모든 것이라도 기꺼이 잃어버리려 하는 사람만이 이러한 결정을 할 수 있을 것이다.

가룟 유다는 지극히 정상적인 생각을 가진 사람이라 아니할 수 없다. 그리고 우리는 그러한 정상적인 세상의 사고기준으로는 하나님 나라에 합당한 사람이 될 수 없다는 것을 이해해야 한다. 가룟 유다에게 있어서 안타까운 점은 세상의 절망 그 다음 단계에서 믿음의 눈을 통해서만 볼 수 있는 새로운 세계를 바라보지 못했다는 것이다. 그가 마음에 가진 회개는 진정한 믿음의 회개가 아니라 선생을 배반한 것에 대한 인간적인 후회의 수준이었기 때문에 더욱 안타깝다. 그렇기 때문에 그는 원망과 좌절을 가슴에 안고 죽음을 만나야만 했고, 구원 받은 하나님 백성의 반열에 들지 못하였다.

우리는 신앙으로 수고한 것에 비하면 너무도 나쁜 결과로 인해 좌절과 불평을 가져본 일이 있는가? 우리가 경험한 마음의 상처가 신앙의 실족으로까지 이어질 것 같은 경우를 만난 적이 있는가? 우리는 주변의 대책 없는 사람들로 인해 마음이 힘든 때가 있었는가? 그러나 우리가 이 세상의 생각을 넘어서지 못한다면 우리는 가룟 유다의 수준에 머무는 것이 될 것이다. 주님께서 사랑하시는 성도들에게 세상의 절망을 주시는 이유가 바로 여기에 있다. 그러기에 하박국 선지는 고백하였다. "비록 무화과나무가 무성하지 못하며 포도나무에 열매가 없으며 감람나무에 소출이 없으며 밭에 먹을 것이 없으며 우리에 양이 없으며 외양간에 소가 없을지라도 나는 여호와로 말미암아 즐거워하며 나의 구원의 하나님으로 말미암아 기뻐하리로다"(합 3:17-18)

주님의 일을 위해서라면 자신은 어떻게 될지라도 상관이 없다는 사람, 진정으로 낮아진 자리에서 주의 종이 되어 섬기려는 사람, 자신이 감당해야 할 사명을 위해 소중한 것들을 기꺼이 사용하려는 사람만이 하나님 나라에 합당하다는 것을 우리는 꼭 기억해야 한다.

낙심할 줄 모르는 믿음이 권능을 창출해 낸다

우리는 누구든지 권능 안에 있는 복된 삶을 살기 원한다. 세상의 모든 일들은 힘 있는 영들에 의해 움직여지고 있다고 나는 생각한다. 성경은 이 점에서 통치와 권세와 능력과 주권자들의 존재를 분명히 인정하고 있다. "모든 통치와 권세와 능력과 주권과 이 세상뿐 아니라 오는 세상에 일컫는 모든 이름 위에 뛰어나게 하시고"(엡 1:21) 그러므로 권능 있는 사람은 복된 사람이며, 목회자에게도 영권, 물권, 인권이 꼭 필요하다. 성경은 기도와 금식으로 악한 귀신이 쫓겨나간다는 것을 인정한다. "이르시되 기도 외에 다른 것으로는 이런 종류가 나갈 수 없느니라 하시니라"(막 9:29) 예수님은 아버지로부터 받은 하늘과 땅의 모든 권세로 제자들을 파송했다. "예수께서 나아와 말씀하여 이르시되 하늘과 땅의 모든 권세를 내게 주셨으니 그러므로 너희는 가서 모든 민족을 제자로 삼아 아버지와 아들과 성령의 이름으로 세례를 베풀고 내가 너희에게 분부한 모든 것을 가르쳐 지키게 하라"(마 28:18-20)

성도들과 목회자들은 권능의 사람이 되기를 간절히 원하고 있다. 권능의 종, 불의 종이 인도하는 부흥집회가 한동안 대단한 인기를 끌었던 때가 우리에게는 있었다. 능력전도(Power Evangelism)의 메시지가 오늘의 강단에서 계속해서 선포되고 있으며, 사람들 사이에서 아직까지 강한 매력을 행사하고 있다. 권능의 종, 권능의 일꾼, 권능의 사람이 되기 위하여 많은 사람들이 기도, 금식, 전도, 고행 등 많은 방법을 동원하고 있다.

그렇지만 이와는 너무나 반대로, 목회자로써 나의 생활은 이런 권능과는 전혀 관계가 없는 쪽으로만 한없이 전개되었다. 나와 아내는 이런 이해할 수 없는 현상을 수용하기에 매우 오랫동안 힘들어 했고, 주변의 모든 사람들도 변화의 가능성을 보이지 않고 계속되는 이러한 나의 생활에 질려버렸다.

그러나 이런 힘든 과정의 경험을 통하여 나는 낙심할 줄 모르는 믿음이 권능을 창출해 낸다는 결론을 갖게 되었다. 모든 사정이 불가능하고 앞이 캄캄할 때 사람들은 자기의 의지(意志)를 접고 더 이상의 노력을 멈추게 되는 경우가 대부분이다. 헛된 일을 위한 수고가 무가치하다는 측면에서 그러한 자세는 오히려 유익하게 생각될 수도 있을 것이다. 그러나 자신의 길을 숙명적으로 받아들이는 소수의 사람들도 있다. 자신이 지금 지키고 있는 이 길이 삶의 전부이며 다른 길은 완전히 무의미하다고 생각한다면, 그 사람은 그 길을 결코 떠날 수 없을 것이다. 그 길의 전망(展望)이 밝든 밝지 않든 그는 상관하지 않을 것이며 그 길이 그에게 행복을 주든 고통을 주든 그는 당하려 할 것이다. 그는 자신이 지켜야만 하는 그 길에서 만나도록 정해져 있는 모든 불행과 멸시와 고난도 다 기꺼이 감당하려 할 것이다.

나는 주님께서 내 삶에 지워주신 목회자의 길을 숙명적으로 받아들이는 오래고도 힘든 준비의 과정을 거쳐야만 했다. 그러한 나의 자세와 각오는 거듭되는 고통과 가난을 겪으면서 더욱 더 확고해졌고, 그 어떤 불행도 거기서 나를 결코 떼어낼 수 없었다. 그리고 그 고통의 절정들을 통과해 나가면서, 나는 언제나 그 어떠한 장애(障碍)도 나의 앞을 막을 수 없다는 믿음을 갖게 되었다. 그리고 거기서 그동안 나의 앞길을 철저하게 막고 괴롭혔던 모든 영들의 세력들이 지고 떠난다는 것을 알게 되었다.

세상의 위협에 지고 굴복하는 사람은 믿음의 사람이 될 수 없다. 그러나 세상이 감당하지 못하는 자의 앞길은 크게 열려 있다. “이런 사람은 세상이 감당하지 못하느니라”(히 11:38) 그리스도 안에서 성도들에게 주어지는 무한한 하나님의 사랑은 아무도 막을 권세가 없다는 것을 사도 바울은 증거한다. “누가 우리를 그리스도의 사랑에서 끊으리요 환난이나 곤고나 박해나 기근이나 적신이나 위험이나 칼이랴 기록된 바 우리가 종일 주를 위하여 죽임을 당하게 되며 도살 당할 양 같이 여김을 받았나이다 함과 같으니라 그러나 이 모든 일에 우리를 사랑하시는 이로 말미암아 우리가 넉넉히 이기느니라”(롬 8:35-37)

우리는 주님의 완전한 은혜 안에 있다. 우리의 승리는 주님 안에서 이미 보장되어 있고, 우리는 권능의 사람으로 예비 되어 있다. 고난 받는 것을 무서워하고 세상의 위협을 두려워하는 비겁한 자는 이러한 은혜를 받을 자격이 없다. 그러나 모든 위협들을 기꺼이 감당하려 하고 용기 있게 자기의 길을 지키며 나아가는 자는 새롭게 펼쳐지는 은혜로운 세계의 지평을 만나게 된다.

성도는 고난 속에서 승리의 확신을 갖게 된다

살아가면서 고난당하는 것을 좋아할 사람은 아무도 없다. 우리 삶에 있어서 고난이라는 것은 누구에게나 무겁고 힘이 드는 것임에 틀림이 없기 때문이다. 그렇지만 이 세상의 삶에는 고난이라는 힘든 요소들이 많이 섞여 있으며, 고난을 전혀 만나지 않고 일평생을 그저 순탄하게 살아가는 사람은 아무도 없다.

신앙을 갖지 않은 사람과 신앙의 사람은 고난을 만나고 대처해 나가는 과정에서 근본적이고도 판이한 차이를 나타내기 마련이다. 세상의 사람은 근본적으로 고난을 극복할 힘을 소유하고 있지 못하다. 그리하여 그는 자기 힘에 벅찬 어려운 일들을 반복하여 만나게 될 때 매우 지치게 되고, 심지어는 살아갈 의욕을 상실하기까지도 한다. 그러나 여기서 신앙의 사람은 현격한 차이를 나타내게 된다. 신앙의 사람은 힘든 고난을 만나면 만날수록 더욱 더 승리의 확신으로 마음을 메우게 된다. 왜냐하면 그는 힘든 일 가운데에서 언제나 함께 계시고 승리를 주시는 주님의 은혜를 경험하고 확신하게 되기 때문이다.

세상의 사람은 힘든 일을 만날 때에 그 일 자체에만 관심을 가지고 해결방안을 모색하기 위해 노력한다. 그러나 신앙의 사람은 힘든 일을 만날 때에 일 자체보다는 그 어려움들의 뒤에서 일하시는 하나님의 섭리를 발견하려고 힘쓰게 된다. 그는 또한 자신의 삶을 되돌아보게 되고, 혹시 죄를 범한 부분이나 부족한 부분을 발견하여 회개하는 일에 노력을 기울이기도 한다. 왜냐하면 신앙의 사람은 도움이 진정으로 전능하신 주님으로부터 나온다는 것을 알기 때문이다. "내가 산을 향하여 눈을 들리라 나의 도움이 어디서 올까 나의 도움은 천지를 지으신 여호와에게서로다"(시 121:1-2)

하나님께서는 언제나 귀한 믿음의 일꾼을 고난 가운데에서 연단 하시고 준비하시기를 기뻐하신다. 신앙의 사람은 아픈 경험을 만나면서, 거기에서 언제나 넘치는 위로와 승리를 예비하시고 공급하시는 주님의 신실하심을 경험하게 된다. 그리하여 그는 세상의 것들보다는 주님을 더욱 의지하게 된다. 그는 세상이 주는 가슴 아픔쯤은 주님께서 주시는 풍성한 은혜로 넉넉히 위로 받을 수 있다는 것을 알게 되는 사람으로 변화하게 된다.

주의 백성은 이미 승리를 보장받은 사람이다. 그리고 그는 이러한 승리의 보장을 고난 당하는 것을 통하여 확인하게 된다. 세상의 사람은 고난을 당하면 당할수록 낭패와 좌절을 경험하게 된다. 그러나 신앙의 사람은 거듭되는 고난의 경험을 통하여 마음을 승리의 경험과 확신으로 가득 채우게 된다. 왜냐하면 주의 백성의 앞을 가로막을 권세는 그 어디에도 없기 때문이다.

참된 능력은 고난 속에서 나타난다

예수님께서 십자가의 고난과 죽음을 받으시기 위해 예루살렘을 향해 출발하실 때, 예수님은 이를 제자들에게 공개적으로 말씀하셨다. 그 때 이 말씀을 들은 베드로는 예수님을 붙들고 만류하려 하였다. 그러나 예수님은 이러한 베드로의 정성어린 충고를 물리치시며 꾸짖으셨다. "예수께서 돌이키사 제자들을 보시며 베드로를 꾸짖어 이르시되 사탄아 내 뒤로 물러가라 네가 하나님의 일을 생각하지 아니하고 도리어 사람의 일을 생각하는도다"(막 8:33)

여기서 우리는 베드로가 생각하는 그리스도관과 예수님께서 말씀하시는 그리스도의 사역 사이에는 커다란 차이가 있다는 것을 알게 된다. 그리스도는 이 땅에 하나님 나라를 건설하고 제자들과 백성들에게 현세의 축복을 아낌없이 베풀어주시는 분이 될 것이라고 베드로는 생각하였다. 그러나 예수님은 이러한 제자들의 생각과는 전혀 다른 방향으로 나아가셨다. 예수님은 영광 받는 길을 마다하시고 고난과 죽음의 가장 어려운 길로 나아가야 했기 때문이었다.

십자가는 다름이 아닌 바로 죽음의 형틀이다. 세상의 눈으로만 바라본다면 우리는 거기서 아무런 가치 있는 것을 발견해낼 수 없다. 그러나 십자가에는 범죄한 세상을 구원하시는 하나님의 지혜와 능력이 담겨 있다. 진정한 신앙은 자기 안에 사랑과 용서와 희생을 받아들일 수 있는 신앙이다. 세상을 변화시키는 섬김은 크든 작든 자신을 희생할 수 있는 진정한 사랑을 통해서만 이루어진다. 자신의 축복과 번영만을 추구하며 손해를 조금도 용납할 수 없는 세상의 정신으로는 자기 희생의 절정인 십자가에서 아무런 가치 있는 것도 발견해낼 수 없다. 우리는 여기서 그리스도의 복음을 고난이 없는 축복만으로 이해하는 번영신학(繁榮神學)이 얼마나 잘못된 자리에 서 있는가를 알게 된다.

하나님께서는 나의 목회의 길을 매우 오랜 동안 고난과 어려움의 질곡 가운데로만 인도해 오셨다. 모든 것이 막혀 있는 답답함과 극심한 가난 속에서 목회자로서의 신앙과 사명을 지키는 일은 결코 쉬운 것이 아니었다. 주변의 모든 사람들로부터 사람대접을 받지 못하고, 가까운 사람들로부터 꽤 오랜 동안 받는 멸시는 참으로 견디기 힘든 것이었다.

깊은 어두움 속에서 한 개의 촛불은 주변을 환히 비추는 법이다. 모든 일들이 막혀있는 어려움의 극심한 절정에서, 나는 언제나 거기에 변함없이 있어온 하나님의 놀라우신 보장하심과 능력을 많이 경험하였다. 나는 세상 끝으로 내몰리는 벼랑 끝에 선 나를 많이 경험하였고, 그와 동시에 언제나 거기서 나를 처음부터 지켜주시는 하나님의 은혜로운 일하심도 함께 경험하였다. 그러기에 나는 하나님의 참된 능력은 극심한 고난 속에서 나타난다는 것을 알게 되었다.

우리는 때로 하나님의 능력을 받기 위해 뜨겁고 열렬한 기도를 드리기도 한다. 우리는 하나님의 능력을 받기 위해 간절한 마음으로 밤을 새워 부르짖기도 한다. 우리는 또한 하나님의 능력을 위하여 자신의 몸에 죽음을 받아들이는 긴 금식을 하기도 한다. 하나님은 오직 자신이 하시려는 일을 하시기 때문에, 사람이 정욕을 따라 요구하는 대로 그렇게 쉽게 일하시는 분이 결코 아니시다. 오직 자신을 온전히 하나님의 뜻 앞에 드리며 주님이 원하시는 일이라면 고난과 죽음까지라도 순종하려는 결단 앞에서 하나님의 일하심과 능력은 언제나 드러난다는 것을 나는 알게 되었다.

그리스도의 교회는 십자가를 상징으로 하고 있다. 십자가는 가장 천하고, 가장 더럽고, 가장 무서운 개념을 강하고 가지고 있는 죽음의 형틀에 불과하다. 세상의 정상적인 생각을 가진 사람이라면 누구든지 십자가를 어리석은 것, 부끄러운 것, 미련한 것으로 여기는 것은 당연한 일이다. 교양이 있는 헬라인은 십자가를 미련한 것으로 생각하였고, 경건한 유대인은 십자가를 부끄러운 것으로 생각하였다. 그렇지만 사도 바울은 이 십자가가 하나님의 능력과 지혜가 된다고 선포한다. "유대인은 표적을 구하고 헬라인은 지혜를 찾으나 우리는 십자가에 못 박힌 그리스도를 전하니 유대인에게는 거리끼는 것이요 이방인에게는 미련한 것이로되 오직 부르심을 받은 자들에게는 유대인이나 헬라인이나 그리스도는 하나님의 능력이요 하나님의 지혜니라"(고전 1:22-24)

오늘의 우리 신앙인들은 손해와 희생당하는 일을 얼마나 받아들일 수 있는가? 우리는 신앙이 가져다주는 축복과 번영만을 좋아하고 추구할 일이 아니다. 더구나 우리가 누리고 있는 축복과 번영을 마치 좋은 신앙의 열매인 것으로 자랑하려 해서는 결코 안될 것이다. 왜냐하면 그러한 마음에는 가난한 이웃을 멸시하려는 교만의 정신이 담겨 있기 때문이다. 주님께서는 믿는 우리 신앙인이 이웃과 세상을 위해 먼저 손해와 희생을 받아들일 것을 원하시기 때문이다. 세상이 주는 미움과 손해를 경험한 자만이 십자가의 비밀을 알 수 있다. 그리고 거기에서만 십자가의 지혜와 십자가의 능력을 우리는 만나게 된다.

나는 완전한 막힘과 완전한 열림을 함께 경험하였다

세상의 직업을 버리고 성직(聖職)으로 들어서는 내가 처음으로 경험한 것은 완전한 막힘이었다. 내게는 숨 막히는 생활의 위협이 닥쳐왔고 우리 가족은 때로는 밥을 굶어야 하는 힘든 일을 겪기도 하였다. 전화가 끊어졌고, 전기와 수돗물도 곧 끊어질 위기를 만났었다. 입학하여 공부하기를 원했던 신학대학원의 입학금을 마련하지 못한 것은 나중에 생각해 보니 우연한 일이 아니었다. 거룩한 직분에 대한 기대를 가지고 목회자의 길로 나아가는 나와 아내가 만난 것은 이렇게 전혀 기대에 미치지 못하는 것들이었다. 그러한 현상은 그때로서는 전혀 이해하기 힘들었지만, 그래도 우리는 정직한 목회자의 삶을 위해 최선을 다하였다.

돌이켜 생각해 볼 때 우리가 경험한 철저하고도 완전한 막힘과 단절은 하나님의 섭리에 의해 만들어진 것이었다. 가난과 고통이 힘겹게 밀려 왔고, 앞이 보이지 않는 현실에서도 우리는 굽히지 않고 최선을 다하였다. 그렇지만 아이들의 고등학교 진학이 불가능한 사정을 만나면서 우리의 마음은 흔들렸다. 그 때 아이들의 공부마저 포기해도 목회자의 사명만은 절대로 버릴 수 없다고 나와 아내는 결정했고, 그 결정은 정말 힘들고 가슴 아픈 결정이 되었다. 그리고 거기서 우리는 하나님께서 아이들의 공부 뿐 아니라 우리 모든 생활까지도 다 지키고 계신다는 것을 알게 되었다. 그렇지만 사람의 마음을 계속해서 단련하는 하나님의 연단은 그것으로 멈추지 않았다. 아이들이 고등학교를 다니던 3년 동안도 나의 목회는 막혀있는 사정에서 변화가 전혀 보이지 않았다. 우리는 아이들이 대학교만은 졸업해야 한다고 생각했지만, 그것은 현실적으로 거의 불가능한 일이었다. 그럼에도 불구하고 우리는 사명의 길을 결코 버릴 수 없었다.

내 삶의 소중한 젊은 기간 동안 내가 목회자로 준비되기 위해 경험한 연단의 과정은 한 마디로 완전한 막힘과 완전한 열림의 과정이었다. 우리는 누구든지 하나님께서 주시는 가능한 여건 안에서 신앙의 삶을 살아가고 있다. 우리의 신앙생활이 축복과 번영과 안전을 보장해 주는 여건에서는 누구든지 자기의 직분을 잘 감당할 수 있을 것이다. 그러나 신앙과 사명을 지키는 일이 힘든 일이 되고 그 일로 인해서 생존의 모든 권리마저도 박탈을 당하게 되는 결과를 만난다면, 우리 모두는 망설이지 않을 수 없을 것이다. 나와 아내는 그렇게도 세상의 거의 모든 혜택으로부터 철저히 제외된 완전한 막힘 가운데서 사명의 길을 지켜야 했고, 그럼에도 불구하고 그 길을 쉽게 버릴 수 없었던 것이다. 그리고 그러한 결단의 때마다 우리는 사명을 위한 우리의 길이 완전하게 열려 있다는 것을 언제나 확인할 수 있었다. 살기 위해 사명을 버리는 자에게는 오직 죽음이 주어질 뿐이다. 그러나 사명을 위해 목숨까지라도 내어놓으려는 용기 있는 신앙인의 길은 언제나 열려 있다는 것을 우리는 절박한 위기의 때마다 언제나 확인할 수 있었다.

처음부터 나는 평범하고 순탄한 목회자의 삶을 살게 되기를 원하였다. 그러나 주님은 나의 목회생활을 이해할 수 없는 곳으로만 인도해 오셨다. 그것은 내가 전혀 생각해 보지도 원하지도 않은 길이었다. 주님이 만드신 목회연단의 환경에서 나와 아내는 완전한 막힘과 완전한 열림을 많이 경험하였다. 그것은 참으로 극(極)에서 극(極)으로의 경험이었다. 그것은 금방이라도 배를 침몰시킬 것 같은 무서운 폭풍의 절정으로부터 고요하고도 평화로운 바다로의 극적이고도 갑작스러운 전이(轉移)였다. 그리고 그러한 때마다 우리는 마음을 깨우치시는 주님의 말씀을 통해 믿음의 눈을 열게 되었다. "이에 제자들에게 이르시되 어찌하여 이렇게 무서워하느냐 너희가 어찌 믿음이 없느냐 하시니"(막 4:40)

주변의 평범한 다른 목회자들과는 전혀 특이한, 그리고 우리 자신들도 매우 오랫동안 이해할 수 없었던 이런 일들을 겪으면서, 나는 장차 우리가 맡아야 하는 사명이 어떠한 성질의 것인가를 생각하게 되었다. 내가 일하게 되는 시대는 세상과 신앙 사이의 완전한 분리(分離)와 결단(決斷)을 요청하는 시대가 될 것이라고 나는 생각한다. 조금이라도 세상에 미련을 두는 사람은 신앙인의 바른 결정으로 나아갈 수 없다. 왜냐하면 그 시대는 세상과 신앙과의 적절한 절충과 타협을 완전히 거절해야 하는 시험의 때가 될 것이기 때문이다. 시대의 마지막에 주어지는 큰 시험은 신앙을 위해서라면 생존의 모든 권리마저도 기꺼이 버리려는 순교적인 신앙으로만 이겨낼 수 있기 때문이다.

주님의 이름으로 고난당하는 자의 기쁨

예수님께서 말씀하신 부자와 나사로의 비유는 이 세상과 오는 세상의 실상에 대해 우리에게 알려준다(눅 16:19-31). 한 부자가 있어 자색 옷과 고은 베옷을 입고 날마다 호화롭게 생활하였다. 그런데 그 부자의 집 대문에는 거지 나사로가 살고 있었다. 거지 나사로는 거처할 곳이 없어서 부자의 집 대문 앞에 누웠고, 먹을 것이 없어서 부자의 상에서 떨어지는 부스러기를 먹었고, 몸의 헌데를 치료할 수 없어서 개들이 그 헌데를 핥을 정도로 비참하게 살았다.

그 거지가 죽어 천사들에게 받들려 아브라함의 품에 들어갔다. 부자도 죽었고 그는 음부의 고통 중에 들어갔다. 부자는 고통 중에서 눈을 들어 멀리 아브라함과 그의 품에 있는 나사로를 바라보았다. 그는 "아버지 아브라함이여 나를 긍휼히 여기사 나사로를 보내어 그 손가락 끝에 물을 찍어 내 혀를 서늘하게 하소서 내가 이 불꽃 가운데서 괴로워하나이다"(눅 16:24)라고 아브라함에게 간청하였다. 그러나 이러한 부자의 간청은 허락될 수 없었다. "아브라함이 이르되 얘 너는 살았을 때에 좋은 것을 받았고 나사로는 고난을 받았으니 이것을 기억하라 이제 그는 여기서 위로를 받고 너는 괴로움을 받느니라 그뿐 아니라 너희와 우리 사이에 큰 구렁텅이가 놓여 있어 여기서 너희에게 건너가고자 하되 갈 수 없고 거기서 우리에게 건너올 수도 없게 하였느니라" (눅 16:25-26)

세상에서 가난해지고, 고난과 고통을 만나게 되고, 막힘과 좌절을 만나게 되는 것은 힘든 일임에 틀림이 없다. 그렇기 때문에 사람들은 좋은 생활을 유지하기 위해 최선을 다하며 살아가고 있다. 그러나 예수님의 이 이야기는 우리에게 큰 충격을 던져준다. 왜냐하면 이 세상의 삶만이 우리에게 그 전부가 아니기 때문이다. 우리는 이 세상에서 최선을 다해 살아야 함과 동시에 오는 세상의 삶을 위한 준비도 게을리하지 말아야 하기 때문이다.

어떤 의미에서 부자는 지혜롭고 능력 있는 인생을 살았다고 할 수 있다. 그 결과로 그는 다른 사람들보다도 많은 혜택들을 누릴 수 있었다. 그러나 그는 오로지 이 세상만을 생각했고, 그 때문에 그는 장차 오는 세상에 대한 준비를 할 여유를 가지지 못했다. 그가 바로 가까운 곳인 그의 집 대문에서 힘든 삶을 살아가는 거지 나사로에 대해 주의와 관심을 전혀 기울이지 않았다는 것은 그의 삶의 중심이 오직 이 세상에만 한정되어 있었다는 것을 잘 보여준다. 그렇기 때문에 그는 죽어서 음부의 고통 중에 들어갔다.

그러나 거지 나사로는 달랐다. 나사로의 생활은 한 마디로 너무나 비참했다. 그는 삶의 기본적인 조건인 의식주(衣食住)에 대한 대책을 전혀 갖추지 못하였다. 부자의 대문이 그의 거처였고, 부자의 음식 쓰레기가 그의 먹을 것이었고, 병든 몸의 치료는 전혀 불가능했다. 그럼에도 그는 이 무겁고 힘든 삶의 굴레를 능히 감당할 수 있는 믿음을 소유하고 있었다. 그렇기 때문에 그는 불평하거나 원망하거나 비난하거나 분노하거나 좌절하지 않았다. 그는 이 세상의 짧은 한계를 넘어서 장차 오는 저 세상의 궁극적인 영원함을 내다보는 믿음을 가졌다. 따라서 그는 침묵으로 자신에게 지워진 길을 감당할 수 있었던 것이다.

나는 처음부터 주님으로 인해 고난이나 손해를 만나게 되는 것을 전혀 원하지도 않았고 생각해 보지도 않았다. 오히려 나는 주님으로 인해 축복과 은혜와 영광을 만나는 길이 열리게 되기를 원하였다. 세상의 직업을 버리고 성직(聖職)으로 들어가면서, 나는 주님의 종된 자가 받아야 하는 낮아짐과 고난보다는 주님의 사자(使者)가 누려야 할 축복과 존귀를 먼저 생각하였다. 그러나 일은 처음부터 이상하게 전개되었다. 그것은 내가 전혀 예상하지 못한 것이었다. 그리고 그 고난의 강도가 비교적 약할 때까지는 나는 아직도 눈치를 채지 못하였다. 고난의 파도가 위협적인 수준으로 높아지고 더 이상 삶을 감당할 수 없다고 생각되는 사정을 만나면서, 나와 아내의 마음은 애통, 좌절, 원망, 의문 등의 깊고 무거운 생각들로 복잡하게 채워졌다. 급기야 나와 아내의 생각은 세상에서 살기 위해 주님을 배반해야 하는가 라는 깊은 의문의 수준에까지 이르렀다. 그리고 신앙의 절박한 위기인 그 곳에서, 우리는 큰 계획으로 일하시는 하나님의 섭리와 어떠한 조건에서도 결코 변할 수 없다고 생각되는 하나님의 언약을 붙들었다.

지금의 내 마음은 주님의 이름으로 고난을 당하는 자의 기쁨에 젖어 있다. 세상의 그 어떠한 고난이라도 넉넉히 감당할 수 있는 역량을 성도는 이미 부여받고 있다. 짧고 유한한 이 세상의 한계를 넘어서 전개되는 영원하고 궁극적인 세계를 알기 때문에, 성도는 그 어떠한 열악한 조건들이라도 감당할 수 있는 것이다. 예수님은 말씀하셨다. "나로 말미암아 너희를 욕하고 박해하고 거짓으로 너희를 거슬러 모든 악한 말을 할 때에는 너희에게 복이 있나니 기뻐하고 즐거워하라 하늘에서 너희의 상이 큼이라 너희 전에 있던 선지자들도 이같이 박해하였느니라"(마 5:11-12)

제5장

신앙은 삶이 되어야 한다

축복은 신앙의 목표가 될 수 없다
신앙은 삶이 되어야 한다
절대적 신뢰의 신앙이 필요하다
주의 여종이오니
우리는 물질을 드릴 수 있어야 한다
이 시대는 진실한 일꾼을 요청한다

세상을 감당하는 믿음의 훈련

축복은 신앙의 목표가 될 수 없다

눅 17:11-19에는 예수님이 나병환자 열 사람을 고쳐주신 이야기가 나온다. 예수님이 예루살렘으로 가시는 길에 사마리아와 갈릴리 사이를 지나다가 한 촌에서 나병환자 열 사람을 만나게 되었다. 그들은 예수님을 보고 멀리 서서 소리 지르기를 "예수 선생님이여 우리를 불쌍히 여기소서"라 하였다. 이렇게 소리 지르는 나병환자들을 향하여 예수님은 "가서 제사장들에게 너희 몸을 보이라"고 말씀하셨다. 그리고 그들은 가다가 깨끗함을 받게 되었다. 나음을 받은 나병환자 열 사람 중 한 사람인 사마리아인이 큰 소리로 하나님께 영광을 돌리며 예수님께 돌아와서 발아래 엎드려 감사를 드렸다. 이때 예수님은 "열 사람이 다 깨끗함을 받지 아니하였느냐 그 아홉은 어디 있느냐"고 말씀하셨다. 그리고 그에게는 "가라 네 믿음이 너를 구원하였느니라"고 말씀하셨다.

나병은 확실히 그들의 인생을 억누르는 큰 장애물이었다. 그렇기 때문에 나병을 고침 받은 것은 그들에게는 매우 놀랍고 기쁜 일이었을 것이다. 이제 그들은 다른 사람들과 같이 어울려 살 수 있게 되었고, 그동안 억울하게 빼앗겼던 모든 삶의 자유를 마음껏 누릴 수 있게 되었다. 그들은 새로운 희망으로 가슴이 벅찼고, 해야 할 많은 일들로 마음이 바빴을 것이다. 그렇기 때문에 그들은 더 이상의 것을 생각할 여유를 가지지 않았고 세상의 삶을 향하여 곧장 나아갔다. 그들 중 오직 한 사람만이 은혜를 입은 자의 마땅한 도리인 감사를 생각할 수 있었고, 예수님께 돌아와 사례(謝禮)하였다.

우리는 신앙의 목표를 축복이나 또는 병 고침이나 세상적 욕망에 두어서는 안 된다. 그것은 신앙의 수준을 너무나 낮게 평가하는 것이기 때문이다. 그것은 결국 세속적이고 이기적인 목적을 위해 신앙을 이용하는 것이 될 것이며 영혼을 부패시키는 결과를 가져올 것이다. 신앙은 삶의 가치관(價値觀)을 바꾸는 것이 되어야 한다. 진정한 신앙이란 과거에는 세상만을 위해 살던 사람이 이제는 하나님 나라에 대한 눈을 여는 것이다. 진실한 성도는 주님의 뜻을 따라 사는 것을 소중히 여기는 사람이며, 그는 축복과 같이 가치 없는 것을 신앙의 목표로 삼지 않는다.

아홉 명의 나병환자는 병 고침을 받은 후 더 이상 생각할 여유도 없이 세상으로 나아갔다. 결국 그들에게 있어서 치유(治癒)는 의미 없는 일이 되었고 그들은 그 나병의 원인이 되었던 과거의 삶으로 다시 돌아갔다. 그들에게 있어서 예수님의 은혜는 그들의 삶을 변화시킬 만큼 깊이 영향을 주지 못하였던 것이다. 그들은 단지 예수님의 은혜와 권능을 자신들의 목적을 위해서만 이용한 것뿐이었다. 그러나 그 한 사람은 나머지 아홉 사람과는 달랐다. 그는 감사의 도리를 아는 사람이었고, 나병의 치유를 통하여 인격과 삶에까지 이르는 변화를 보인 사람이 되었다. 아마도 그는 이후 자신의 삶을 주님의 뜻을 따라 사는 모습으로 변화시켰을 것이다.

우리는 혹시 모든 신앙생활의 가장 중심 된 목표를 세상적이고 이기적인 욕망을 만족시키는데 두고 있는지 생각해 보아야 한다. 우리는 신앙과 거룩한 하나님의 능력까지도 저속한 우리 자신의 목적을 위한 하나의 수단으로 취급하고 있지는 않은가? 진정한 신앙은 주님의 뜻을 따라 삶의 가치관을 변화시키는 것이 되어야 한다. 주님만이 우리 삶의 진정한 목표가 될 때, 우리는 변화된 신앙인의 삶을 살 수 있다.

신앙은 삶이 되어야 한다

인간의 종교(宗教)는 언제나 이 세상에서의 축복과 밀접한 관련을 맺어 왔다. 이는 종교는 정신적인 것이며 내세적(來世的)인 것임과 동시에 오늘의 삶에 있어서의 문제이기 때문이다. 축복을 추구하는 경향은 원시종교로 갈수록 더욱 더 뚜렷이 나타난다. 거의 모든 원시종교들은 다산(多産)과 번영(繁榮)을 갈구하는 형태를 형성해 왔다.

기독교의 신앙도 이러한 축복의 추구와 분리해서는 결코 생각될 수 없을 것이다. 1970년대 한국교회 성도들의 신앙에는 번영신학(繁榮神學)이 큰 영향력을 행사했던 점을 아무도 부인할 수 없다. 그 시대의 말씀선포에서는 내세보다도 현세의 축복추구가 사람들의 마음을 더 많이 매료시켰다. 때문에 사람들 사이에서는 신앙과 인격의 온전함보다는 눈으로 확인되는 구체적인 축복의 물증들이 한층 더 설득력을 행사했었다. 전능하신 하나님 안에서 무한한 가능성을 제시했던 그 시대의 번영신학은 분명히 가난하고 삶에 지친 사람들의 마음에 새로운 힘을 공급해 주었다. 은사를 중심으로 하는 성령의 뜨거운 사역은 움츠리고 얼어붙은 사람들의 마음을 녹여주었고, 자신의 존재를 하나님께서 창조하신 소중한 인간으로 새롭게 인식할 수 있게 해 주었다. 이렇게 성장신학은 분명히 사람들의 신앙에 새롭고 신선한 기운을 불어넣어 주었다. 신앙 안에서 사람들은 가능성을 볼 수 있었고, 그 때문에 많은 사람들이 결신(決信)하게 되는 좋은 결과도 가져왔다.

그러나 한편으로 우리는 이 시대의 성장신학(成長神學)이 얼마나 많은 취약점을 드러냈는지도 경험할 수 있었다. 거기서 우리는 진정한 신앙은 땅의 것이 아닌 하늘의 것을 추구하는 것이 되어야 한다는 것을 알게 되었다. 신앙은 이기적인 마음으로 자기의 축복만을 추구하는 것이 아니라, 주님의 고난을 자신 안에 기꺼이 받아들이는 것이 되어야 한다는 이해를 우리는 가지게 되었다. 교회는 오직 자신의 축복과 이익만을 위해 경쟁적으로 모여든 사람들의 집단이 아니라, 그리스도 안에서 함께 지어져 가는 성도들의 긴밀한 유기체가 되어야 한다는 것을 알게 되었다. 방언과 신유와 예언 등 풍성한 성령의 은사는 세상적이고 이기적인 목적을 위해 사용되어서는 안되고, 자신의 욕망을 버리고 주님의 뜻을 순종하는 방향으로 사용되어져야 한다는 것도 알게 되었다.

신앙은 삶이 되어야 하고, 따라서 목회자는 삶의 교사(敎師)가 되어야 한다고 나는 생각한다. 과거의 시대에 우리 교회에는 "오직 믿음으로만 구원에 이른다"는 이신칭의(以信稱義)의 교리가 너무 과중하게 지배해 왔다. 구원은 인간의 공로에 의한 것이 아니라, 오직 주 예수 그리스도를 통하여 주시는 은혜에 의한다는 종교개혁의 교리가 마치 신앙의 전부인 것으로 이해되고 가르쳐지는 경향이 있었다. 그리고 그리스도의 은혜 앞에서 인간의 공로는 무의미하다는 이러한 이해는 신앙인의 삶에서 윤리의 가치를 평가절하(平價切下)하는 나쁜 결과를 가져왔다.

그러나 이신칭의는 신앙생활의 초보적인 출발점에 불과하다는 이해를 개혁주의 신학은 역시 가지고 있다. 마틴 루터(M. Luther)에게는 "인간이 어떻게 하면 죄에서 해방될 수 있을까? 죄인이 하나님 앞에서 어떻게 의인으로 설 수 있을까?"가 중요한 질문이었다. 그리하여 그는 오직 믿음으로만(Sola Fide)의 진리를 성경에서 발견하였다. 그러나 그것은 곧 구원 이후의 삶으로 연결되었다. 존 칼빈(J. Calvin)의 시대에 그는 구원받은 인간이 어떻게 신앙적인 삶을 살 것인지를 연구하였다.[5] 그 다음 시대에 요한 웨슬레(J. Wesley)는 이신칭의 위에 성화(聖化)의 교리를 추가하였다.[6]

신앙생활의 변화는 무엇보다도 삶의 가치관을 변화하는 성장의 과

---

5) 루터(M. Luther)에게는 "인간이 어떻게 하면 죄에서 해방될 수 있을까? 죄인이 하나님 앞에서 어떻게 의인으로 설 수 있을까?"라는 구원의 질문이 중심주제였다. 그리고 그는 오직 믿음으로만(Sola Fide)의 진리를 성경에서 발견하였다. 그러나 칼빈의 시대에 더욱 발전된 상황에서 구원받은 인간이 어떻게 신앙적 삶을 계속해야 할 것인지에 대한 삶의 목적과 존재의미에 대한 질문이 제기되었다. 따라서 칼빈은 그의 신앙교육서 첫 질문에서부터 인간의 이 세상 삶의 주된 목적이 무엇인지를 묻고, 동시에 계속되는 372개의 문답을 통하여 그 주된 인생의 목적을 알게 된 자가 어떻게 살아야 할 것인가에 대해 삶의 원칙을 가르치고 있다. : 정일웅, 『교육목회학』(서울: 도서출판 솔로몬, 1993). pp.336-337.

6) 요한 웨슬레는 오직 은총으로만 의롭게 된다는 종교개혁의 원리에 동의했다. 그러나 그는 또 다른 차원, 즉 삶에 있어서 경험되는 은총에 대한 강조, 도덕적 열심, 완전을 향한 진보 등의 가르침을 덧붙였다. 칭의를 통하여 하나님께서는 죄인들을 용서하시며 구속의 은총을 베푸신다. 그러나 성화는 칭의에 의하여 시작되는 성장의 과정이다. 메쏘디즘(Methodism)의 가장 두드러진 표지는, 그리스도인은 은총 가운데서 성장해야 하며 점차적으로 그리스도의 완전하신 성품을 닮아가야 한다는 그들의 주장에 있다. : 와렌 S. 키신저, 『다른 사람은 산상설교를 어떻게 읽었는가?』, 이동영 역 (서울: 한국로고스연구원, 1996). pp.94-95.

정으로 드러나야 하고, 그것은 온전하고 풍성한 신앙의 열매가 되어야 한다. 중생(重生)은 신앙생활의 완성이 아니라, 신앙생활의 가장 초보적인 시작에 불과하다. 그 때로부터 우리는 세상만을 향해 살던 사람에서 하나님 나라를 위해 사는 사람으로의 변화를 시작하게 된다. 그렇기 때문에 신앙은 변화된 생활의 실천이 되어야 하고, 삶이 없는 신앙은 생각할 수도 없는 것이다. 무엇을 위해 어떻게 살아갈 것인가라는 물음은 세상을 사는 모든 사람들에게 매우 중요한 질문이 될 것인데, 신앙은 바로 이러한 물음에 대한 분명한 답을 제시해 주는 것이 되어야 한다.

세상의 가치관을 버리고 새롭게 변화된 신앙의 가치관으로 나아가는 새 삶의 초대를 오늘의 교회는 사람들에게 분명하게 제시할 수 있어야 한다. 신앙은 삶이 되어야 하고, 목회자는 삶의 교사가 되어야 하는 것이다.

절대적 신뢰의 신앙이 필요하다

“1오라 우리가 여호와께 노래하며 우리의 구원의 반석을 향하여 즐
거이 외치자 2우리가 감사함으로 그 앞에 나아가며 시를 지어 즐거이
그를 노래하자 3여호와는 크신 하나님이시요 모든 신들보다 크신 왕
이시기 때문이로다 4땅의 깊은 곳이 그의 손 안에 있으며 산들의 높은
곳도 그의 것이로다 5바다도 그의 것이라 그가 만드셨고 육지도 그의
손이 지으셨도다

6오라 우리가 굽혀 경배하며 우리를 지으신 여호와 앞에 무릎을 꿇
자 7그는 우리의 하나님이시요 우리는 그가 기르시는 백성이며 그의
손이 돌보시는 양이기 때문이라 너희가 오늘 그의 음성을 듣거든 8너
희는 므리바에서와 같이 또 광야의 맛사에서 지냈던 날과 같이 너희
마음을 완악하게 하지 말지어다 9그때에 너희 조상들이 내가 행한 일
을 보고서도 나를 시험하고 조사하였도다 10내가 사십 년 동안 그 세
대로 말미암아 근심하여 이르기를 그들은 마음이 미혹된 백성이라 내
길을 알지 못한다 하였노라 11그러므로 내가 노하여 맹세하기를 그들
은 내 안식에 들어오지 못하리라 하였도다”(시 95:1-11)

시편 95편은 이스라엘 백성들의 공동체가 드리는 예배의 시이다.[7] 따라서 이 노래는 성전에서 드리는 찬송과 관련되어 있다. 이 시의 중심은 1절과 6절에 표현된 대로 "성전에 나아가서 예배를 드리자"라고 제시하는 권고 또는 명령에 있다. 이 시는 1절에서 "오라"(르쿠우, לְכוּ)로 시작했는데, 6절에서는 "가자"(뽀우, בֹּאוּ)로 응답하고 있다.[8]

시편 95편은 앞 부분(1-5절)과 뒷 부분(6-11절)이 너무 대조적인 내용으로 구성되어 있다. 따라서 이 시는 두 개의 다른 시가 연결되어 있는 것 같은 인상을 준다. 그러나 이러한 구성은 작가에 의해 의도된 대조적인 작시법(作詩法)인 것이다. 제1부(앞 부분)는 창조와 권능의 하나님께 대한 찬양과 감사의 권면으로 이루어져 있고, 제2부(뒷 부분)는 선민 이스라엘의 목자이신 하나님께 대한 경배와 복종의 권면으로 이루어져 있다. 시편 95편은 이렇게 창조의 권능과 구원의 사역이 제1부와 제2부를 깊이 연결하고 있다.

시인이 여기서 언급하는 므리바와 맛사의 날은 이스라엘 백성들의 아픈 과거를 가장 직접적으로 표현하는 날이다. 이 날은 이스라엘 백

7) 칼빈(J. Calvin)은 이 시가 안식일에 적합한 시라고 평가한다. 이는 안식일에는 신앙인들의 무리가 하나님께 예배드리기 위해 모이기 때문이다. 여기서 시인이 하나님께 찬양을 돌리도록 권면하고 있는 대상은 경건한 무리의 공동체이며, 그는 이러한 공적 모임 가운데서 하나님께 찬양을 돌리도록 권면한다.: 죤 칼빈, 『칼빈성경주석 제10권』(시편 IV)(서울: 성서교재간행사, 1992). p.137.

8) 우리말 성경에는 이 두 마디를 다 "오라"로 번역했으나, 시인이 다른 단어를 사용함에는 어떤 뉘앙스가 숨어있는 것으로 보인다. 즉 예배를 드리러 성전으로 나아오는 사람들을 향하여 제사장이 "르쿠우"(너희는 오라)라고 예배에 초청을 하면, 사회자와 회중이 "뽀우"(다함께 나아가자)라고 함으로써 지성소를 향하여 나아가게 한 것으로 이해할 수 있다.: 강병도, 『호크마종합주석 제15권』(시편 하) (서울: 기독지혜사, 1992). p.274.

성들이 광야에서 하나님께 불순종했던 많은 날들 중에서도 가장 대표적인 날이기 때문이다. 그 날에 이스라엘은 죽음의 절박한 사정 가운데 있었고, 그래서 그들의 회중에서는 하나님에 대한 원망과 반역의 말들이 터져 나왔다. 그러나 이는 하나님에 대한 절대적인 믿음과 신뢰의 결핍에서 나온 것이었다. 결국 이 문제는 신정론(theocratic)과 연결된다. 왜냐하면 광야의 시대에 있어서나 오늘의 시대에 있어서나 신앙자와 예배자에게 하나님은 절대 신뢰의 대상이 되어야 하기 때문이다.

7절의 "오늘"이라는 단어는 제1부와 제2부를 연결하는 고리 역할을 한다. 제1부에서의 창조와 권능의 하나님께 대한 일반적인 찬양은 "오늘"이라는 연결고리를 통하여 언약백성 이스라엘의 역사현장에서 일어났던 구체적인 사건과 연결된다. 세상을 창조하시고 운행하시며 인간의 구체적인 정황으로부터 초월해 계시는 하나님은 선민 이스라엘과 언약을 맺으시고 이스라엘의 구체적인 정황 안으로 깊숙이 개입하시는 야곱의 하나님이시다. 시편 95편의 정황은 출애굽기 안의 구체적인 역사적 사건에 깊이 뿌리내리고 있다. 므리바(מְרִיבָה)와 맛사(מַסָּה)의 사건은 광야에서 40년 동안 끊임없이 계속되었던 하나님께 대한 이스라엘의 반역행위를 대표적으로 상징화한다. 또한 "오늘"이라는 연결고리는 과거와 현재를 연결하는 역할을 한다. 과거 출애굽에서 역사 안에 일어났던 이스라엘의 반역행동은 하나의 지나간 사건으로서만이 아니라 오늘의 반성과 결단을 촉구하는 여기의 사건으로서 예배하는 이스라엘 공동체의 중심에 자리잡고 있다. 즉 그들은 지금 예배의 의식 속에서 그때 불순종했던 일들을 상기하고 있는 것이다. "오늘"이라는 단어의 이러한 역할은 오늘의 신앙자와 예배자에게도 결코 예외일 수 없다. 과거 광야에서 이스라엘이 행했던 엄청난 반역의 행동은 오늘날 성도들의 신앙과 삶에 있어서도 결정적으로 중요한 역할로 연결되는 것이다.

광야를 지나가는 이스라엘 백성들은 하나님의 완전한 보호와 인도 가운데 있었다. 구름기둥과 불기둥은 이러한 하나님의 은혜를 상징적으로 보여준다. 그럼에도 불구하고 그들이 하나님을 그토록 불순종하고 반역했던 것은 무슨 이유인가? 성경은 그들에게 믿음이 없었기 때문이라고 단순하고 기록하고 있다. 그러나 나는 하나님께서 내게 주신 시련의 경험들을 통하여 단순한 기술 뒤에 숨겨져 있는 그들의 아픔과 좌절을 추론하게 된다. 생활이 안정되고 모든 일들이 질서 안에서 잘 돌아가고 있는데도 불만을 가질 사람은 아무도 없을 것이다. 그렇기 때문에 우리는 이스라엘 백성들이 행한 그토록 무모한 불순종과 반역에서 당시 그들이 직면했던 죽음의 상황을 이해할 수 있어야 한다. 결국 그들에게는 죽음의 가혹한 현실이라도 넘어서는 믿음이 요청되었던 것이고, 이것이 바로 하나님께서 요청하시는 선민(選民)의 신앙수준이었던 것이다.

시편 95편은 단순한 찬양시는 아니다. 제1부(1-5절)만 본다면 이 시를 단순한 찬양시로 이해할 수도 있다. 그러나 제2부(6-11절)는 앞 부분에서 하나님께 드려지는 찬양과 감사의 배경과 근거를 제공한다. 이 시는 출애굽 백성의 역사적 정황인 광야에서 커다란 위기와 반역의 사건이 있은 후, 그 결론으로써 하나님께 대한 찬양과 복종을 제시한다. 그래서 이 시는 깊이가 있고 그 찬양은 진정한 찬양이 된다. 이스라엘이 광야에서 만난 므리바와 맛사의 사건은 그들에게는 매우 커다란 위기였다. 그때 이스라엘은 절박한 죽음의 정황 안에 있었다. 그리고 그 일은 그들의 목자이신 하나님께 대한 불신과 반역으로 나타났다. 그것은 이스라엘 민족의 존재근거가 되는 하나님께 대한 엄청난 반역이었고, 그것은 선민 이스라엘의 정체성(Identity)에 대한 위기였다. 그리고 그 반역은 구원의 반석이 되시는 하나님께 대한 철저한 믿음과 신뢰의 결핍에서 나온 것이었다. 그리하여 시인은 이 모든 처절하고 아픈 경험의 결론으로, 하나님께 드려져야만 하는 마땅한 찬양과 복종을 강조하고 있는 것이다.

시편 95편에는 신앙의 고뇌 다음에 오는 성숙한 결론이 담겨 있다. 그러면서도 그 결론은 아직 완전하지는 않다. 인간의 연약함과 한계에 대한 인식, 그리고 언제든지 또 실족하게 될지도 모른다는 두려움 때문에 예배자(신앙자)는 불신의 경거망동(輕擧妄動)을 자제하고 하나님 말씀의 신실함에 자신의 전부를 의지하게 된다. 이 신앙은 예배자가 언제든지 범죄와 실족의 가능성을 안은 채, 불변하시고 엄위하신 하나님의 말씀을 마음으로부터 인정하고 의지하는 신앙이다. 호흡하며 살고 있는 동안 우리는 거의 늘 이러한 신앙의 상태를 유지하게 된다고 나는 생각한다. 미완성된 성숙, 결론이 있지만 언제든지 원점으로 돌아갈 가능성을 내포한 불완전성이 그것이다. 그러기에 하나님 앞에서의 예배자는 끊임없이 자신을 성찰하며 겸손한 자세로 완전하신 말씀을 의지할 수밖에 없다.

하나님께서 우리를 절박한 위기의 상황으로 밀어 넣으시는 이유가 여기에 있다고 나는 생각한다. 앞길의 모든 사정이 캄캄하고 힘든 일들이 계속되는 고난의 사정을 만나게 되는 것은 하나님으로부터 버림받은 저주의 증거가 결코 아니다. 그것은 오히려 반대로 하나님이 우리를 많이 사랑하시는 증거이다. 왜냐하면 병든 자와 죄인만이 하나님의 은혜를 사모하며, 그 은혜의 가치를 알고 감사하기 때문이다. 하나님의 구원역사는 언제나 절박하고 힘든 위기의 절정에서만 그 진면목(眞面目)을 드러낸다. 절박한 위기 속에서도 태연한 자세를 그대로 유지할 수 있는 사람은 아무도 없을 것이다. 그 때는 앞이 전혀 보이지 않고 모든 일이 거꾸로 된 듯한 느낌을 갖게 되는 진정한 위기의 때이기 때문이다. 그러나 그 때는 바로 우리가 하나님의 은혜를 만나게 되는 때이기도 하다. 바로 여기에서 하나님은 우리의 모든 원망과 반역을 감사와 찬양으로 바꾸게 하신다. 그렇기 때문에 진정한 성도는 절박한 위기의 때에도 전능하신 하나님에 대한 절대적인 믿음을 붙들어야만 하는 것이다.

시편 95편의 제1부(1-5절)에서 드려지는 하나님께 대한 찬양과 감사는 바로 이 구원의 반석이신 하나님께 마땅히 드려져야 하는 예배이다. 이 찬양은 제2부(6-11절)의 가슴 아픈 경험을 통한 결론으로 도출된 것이기 때문에 예배자의 마음 깊은 곳을 찌르는 진정한 하나님의 말씀이다. 결론적으로 여기서의 찬양과 감사의 권면은 하나님의 규범적 말씀이다. 그러나 이 말씀은 삶의 아픈 경험에서 결론으로 나온 말씀이기 때문에 예배자의 마음속에 생생하게 살아있는 말씀이 된다.

주의 여종이오니

하나님의 거룩하고 은혜로운 사역은 이 세상에 거하는 우리 인간들을 불러 사용하심을 통해서 이루어진다. 놀랍게도 하나님께서는 거룩한 하늘의 사역을 육신을 가지고 땅에 거하는 부족하고 연약한 인간들을 통해 이루어 가시며, 그렇기 때문에 하나님께서는 그의 일에 참여하도록 부름을 받은 하나님의 일꾼을 소중히 여기신다.

예수님의 탄생은 동정녀 마리아에게 찾아가서 장차 일어날 이 일을 예고해준 천사의 방문으로 시작되었다. 가브리엘 천사는 갈릴리 나사렛 동네에 사는 처녀 마리아에게 찾아가서, 그가 하나님의 아들인 예수님을 잉태하고 낳게 될 것을 알려주었다. "천사가 이르되 마리아여 무서워하지 말라 네가 하나님께 은혜를 입었느니라 보라 네가 잉태하여 아들을 낳으리니 그 이름을 예수라 하라"(눅 1:30-31)

가브리엘 천사가 전하여 준 아기를 낳게 될 것이라는 소식은 순결한 처녀인 마리아에게는 매우 놀랍고 또 당혹스러운 일임에 틀림이 없었다. 그렇기 때문에 마리아는 천사에게 말하였다. "마리아가 천사에게 말하되 나는 남자를 알지 못하니 어찌 이 일이 있으리이까"(눅 1:34)

만일 이 일이 그대로 이루어진다면, 마리아는 사람들로부터 부정한 여인이라는 비난과 저주를 결코 피할 수 없게 될 것이었다. 그뿐 아니라 정혼하였던 결혼은 파혼으로 끝나 버릴 것이 분명했고 잘못하면 돌에 맞아 죽게 될 수도 있는 일이었다. 그러나 그의 가슴속에는 천사가 전하여준 말씀이 살아 움직이고 있었다. "대저 하나님의 모든 말씀은 능하지 못하심이 없느니라"(눅 1:37) 그리하여 마리아는 곧 말씀에 순종해서 하나님의 일에 자신을 헌신했다. "마리아가 이르되 주의 여종이오니 말씀대로 내게 이루어지이다 하매 천사가 떠나가니라"(눅 1:38)

여기서 마리아는 주님의 일을 이루기 위해서라면 정작 자신은 어떠한 모습이 될지라도 상관이 없다는 매우 겸손한 자세를 가진 것을 우리는 보게 된다. 처녀가 잉태를 한다는 것은 보수적인 그 시대의 사람들 사이에서 결코 받아들여질 수 없는 일이며, 그 일은 사람들로부터 받는 가장 심한 비난과 함께 죽음의 비참한 결과를 가져올 것이 분명했다. 그 일은 정상적인 생각을 가진 사람이 쉽게 받아들일 수 있는 일이 결코 아니었다. 그러나 마리아의 마음은 천사가 전하여준 말씀으로 감동을 받았고, 하나님의 일을 위해서라면 자신을 드려 헌신하려고 결정을 하였다. 그것이야말로 하나님의 일을 위해 자신을 기꺼이 버리고 헌신하는 종 된 사람의 자세라 아니할 수 없다.

세상의 직업을 버리고 성직(聖職)으로 나아가는 나의 마음은 오히려 앞으로의 기대로 가득했었다. 일은 처음부터 전혀 다른 방향으로 전개되었지만, 그 때 나와 아내는 젊었고 그래도 우리는 순수하고 정직한 믿음 하나를 붙들었다. 생활의 안정이 보장되고 출세가 약속된 목회의 길이 막혔고, 우리는 주님께서 우리를 위해 특별히 예비해 주신 고난의 길을 지나가야만 했다. 앞길의 장래가 불투명하고 가난의 고통이 절정을 이루었지만 나와 아내는 잘 감당해 내었다. 그렇지만 아이들이 고등학교를 진학할 수 없는 절박한 상황을 만났을 때 우리의 마음은 참으로 흔들렸다. 그리고 아이들이 고등학교를 다니던 3년 동안 그 어려운 시련은 계속되었다. 아이들의 불만이 포화상태인 것을 알면서도 나와 아내는 그것을 일부러 모른 척 하였고, 우리는 오직 하나님의 전능하신 말씀을 의지하였다. 인생의 가장 소중한 기간인 젊음의 시간들을 혹독히 연단 받는 가난한 목회자로 살아온 다음에 보니, 우리에게는 준비된 것이 너무도 없는 것 같은 비참한 생각이 들었다. 적절한 기회에 신학대학원 과정을 마칠 수 있는 좋은 기회를 잃어버리게 된 것도 매우 억울한 일이었다. 한참 나중에 그 기회가 내게 주어졌고 또한 늦게 공부하느라고 갑절의 수고를 하였지만, 그것은 시기에 적절한 것이 아니었다. 그것은 마치 야곱의 환도뼈가 부러져서 걸음을 절게 된 것과 마찬가지였다.

아이들의 대학 등록금을 납부하면서 연단의 사정은 조금의 변화를 가져왔다. 그것은 사정이 더 나빠진 것이었는데, 하나님께서는 나와 아내를 이 사회의 가장 낮은 자리에서 일하도록 내몬 것이었다. 그 때까지도 나와 아내에게는 목회를 다시 시작할 수 있는 여건이 전혀 허락되지 않고 있었고, 우리에게는 기다림의 믿음과 인내가 요청되었다.

나는 지금 주님을 위해 가난해지고 삶의 고난을 몸으로 받아들인 사람의 기쁨을 마음으로부터 느끼고 있다. 사람은 누구든지 자신을 소중히 여길 줄 알며 또한 자신을 귀한 자리에 놓으려고 애쓰면서 살아가고 있다. 그렇지만 주님의 일을 위해 자신을 진정으로 낮은 곳에 놓을 수 있는 사람은 복된 사람이라 아니할 수 없다. 작은 마음의 상처를 소화해 내기 힘들어 하고 조금이라도 낮아지는 것을 참을 수 없어 하는, 나는 그런 사람이었다. 그러기에 나의 성직(聖職)은 그래도 존경받는 거룩한 자리에 마련될 수 있기를 간절히 원하였다. 이러한 나의 소원과는 전혀 반대의 방향으로 그동안 끊임없이 일해 오신 하나님의 섭리를 나는 많은 고난들을 지내고 오랜 시간이 지난 다음에야 조금씩 깨닫게 되었다.

한 개의 촛불이 주변을 밝게 비추기 위해서는 조금씩 조금씩 자신을 태워야만 한다. 하나님께서 내게 그토록 오랫동안 힘들게 가르쳐 오신 것은 오직 자신을 낮추고 희생함을 통해서만 이루어지는 참된 하나님의 일이었다. 그 일은 자신을 아끼고 귀하게 여기는 자세로는 능히 이룰 수 없다. 그러기에 나는 그동안 앞의 길이 그렇게도 막혀 있었던 것을 감사하게 된다. 그러한 막힘과 그러한 좌절과 그러한 불평과 그러한 마음아픔과 그러한 원망의 힘겨운 과정이 없었다면 나는 바른 일꾼으로의 눈을 열지 못했을 것이 분명하기 때문이다.

우리는 염려할 필요가 없다. 우리 생활의 모든 것을 하나님께서는 은혜로 지키시고 풍성히 공급해 주신다. 우리는 돈을 더 모으려고 애쓸 필요가 없고, 더 높은 자리로 오르려고 마음을 태울 필요가 없다. 다만 우리가 있는 곳에서, 우리가 가진 것으로, 우리의 최선을 다해서, 주님께서 기뻐하시는 일을 하는 것이 우리에게는 꼭 필요하다.

우리는 물질을 드릴 수 있어야 한다

하나님을 잘 섬기지 않는 아합 왕과 이세벨 왕비가 이스라엘 나라를 다스릴 때의 일이었다. 이스라엘 사람들의 우상숭배로 인하여 하나님의 벌이 내려졌고, 그 땅에는 비와 이슬이 내리지 않는 극심한 가뭄이 3년 6개월 동안이나 계속되었다. 그때 하나님의 사람 엘리야는 그릿 시냇가에서 물을 마시며 까마귀가 날라다 주는 떡과 고기로 생활하였다. 그런데 가뭄이 극심하여 그릿 시냇가의 물이 다하자, 하나님께서는 엘리야를 이방 땅인 사르밧으로 보내셨다(왕상 17:8-16).

엘리야는 거기서 한 가난한 과부를 만났고, 그 여인에게 먹을 것을 달라고 요구하였다. 그 여인은 매우 가난하여 그 때 한 끼의 식사분량인 밀가루 한 움큼과 조금의 기름밖에는 가진 것이 없었다. 자기에게 남은 매우 적은 분량의 음식을 먹고 나면 그 여인과 아들은 죽을 수밖에는 없었다. 그 여인은 나뭇가지를 주워서 조금 남은 가루로 빵을 구울 준비를 하고 있었다. "그가 가지러 갈 때에 엘리야가 그를 불러 이르되 청하건대 네 손의 떡 한 조각을 내게로 가져 오라 그가 이르되 당신의 하나님 여호와께서 살아 계심을 두고 맹세하노니 나는 떡이 없고 다만 통에 가루 한 움큼과 병에 기름 조금 뿐이라 내가 나뭇가지 둘을

주워다가 나와 내 아들을 위하여 음식을 만들어 먹고 그 후에는 죽으리라"(왕상 17:11-12)

단 한 번의 식사 외에는 더 이상의 음식을 구할 길이 전혀 없는 절박한 사정을 우리는 경험해 본 일이 있는가? 그것이야말로 무겁고 어두운 삶의 깊은 절망적 상황이라 아니할 수 없을 것이다. 그런데 그 가정에 하나님의 사람 엘리야가 찾아갔다. 그리고 하나님의 사람은 그 가난한 여인에게 마지막 남은 음식의 반을 먼저 자기에게 줄 것을 요청하였다.

절박하고 어려운 사정 가운데 있는 사람에게 돈을 바칠 것을 요구하면서, 나는 사르밧의 가난한 여인으로부터 조금 남아있는 음식의 반을 달라고 요구한 엘리야를 생각해 보았다. 목회자는 하나님의 은혜로 살아가는 사람이며, 구체적으로는 성도들의 손을 통하여 먹을 것을 구해 생활해야 하는 사람이다. 주의 종은 하나님 앞에 모든 것을 맡기며, 생명까지도 주님을 의지해서 살아가야 하는 사람이다. 그렇기 때문에 목회자는 사람들의 사정을 살피는 일보다도 하나님의 말씀에 더 충실해야 할 것을 요청받고 있다. 어렵고 절박한 형편이 불신앙으로까지 이어져서 하나님께 드리는 십일조의 의무까지도 외면하고 있다면, 목회자는 마땅히 거기에서 바른 분량의 헌금을 요구해야 한다고 나는 생각한다.

사르밧의 이 가난한 여인은 자신에게는 생명과도 같은 작은 음식을 나누어 먼저 하나님의 사람에게 선대(善待)하였다. 그럼으로써 그 여인은 기근 중에도 풍족한 여유를 누릴 수 있게 되었다. 즉 하나님의 사람이 요구한 무리한 부탁은 결과적으로 이 여인에게는 하나님의 은혜를 받을 좋은 기회가 된 것이었다. “여호와께서 엘리야를 통하여 하신 말씀 같이 통의 가루가 떨어지지 아니하고 병의 기름이 없어지지 아니하니라”(왕상 17:16)

우리는 하나님께 물질을 드릴 수 있어야 한다. 왜냐하면 물질에는 우리의 마음이 담겨 있고, 그것은 우리의 생존과 직결되는 소중한 것이기 때문에 더욱 그러하다. 그렇기 때문에 우리는 물질을 드림으로서 우리 신앙을 하나님께 표현할 수 있어야 한다. 이는 우리 성도들은 물질로 살아가는 것이 아니라 하나님의 은혜로 살아가는 사람들이기 때문이다. 우리는 우리에게 주어진 분량 중에서 하나님께 드려야 할 것을 거룩하게 구별할 줄 알아야 한다. 소중한 물질을 드림으로 얻는 은혜가 매우 풍성하다는 것을 우리는 기억해야 한다.

엘리야 선지의 이 무리하고 부당해 보이는 요구는 그 가난한 가정에 놀랍고 은혜로운 기적을 가져왔다. 그 가뭄이 다하기까지 통의 가루와 병의 기름이 떨어지지 아니하였고, 그 여인은 절박한 기근 중에도 양식의 염려로부터 벗어날 수 있었다. 이와 마찬가지로 목회자의 일함이 성도들에게는 신앙의 성숙과 물질의 보장으로 드러날 수 있어야 한다고 나는 생각한다. 이를 위해 목회자에게는 양심에 의한 진정한 판단과 정직한 행함이 꼭 요청된다고 할 것이다. 하나님의 말씀을 따라 온전히 순종함으로 선하고 풍성한 결과를 가져다주는 진실한 종이 혼란한 시대일수록 더욱 더 필요하다.

이 시대는 진실한 일꾼을 요청한다

내가 감당해야만 했던 길고도 지루한 목회연단의 기간 동안에 가장 힘들었던 일은 삶의 무게가 너무도 힘들게 내 마음을 짓눌러 오는 것이었다. 나는 그 어떠한 경우에도 목회자로서의 양심에 어긋나는 일은 결코 용납하지 않으리라고 굳게 다짐하였다. 그러나 매우 오랫동안 내 마음에 큰 부담을 주었던 힘든 삶의 무게는 목회자로서의 내 정체성에 깊은 회의를 갖게 하였고, 나는 과연 어떻게 살아야 하는가를 생각하지 않을 수 없었다.

그 모든 부담감을 마음에 가지면서도, 나는 목회자로서의 이 길만은 결코 버릴 수 없다는 결론을 갖게 되었다. 그 결정은 깊은 고민 가운데 내리는 힘든 결정이었고, 내 모든 삶의 권리를 버리기로 하는 진정으로 가슴 아픈 결정이 되었다. 그러한 과정을 거치면서, 나는 하나님께서 내게 예비해 두신 놀라운 은혜에 대해 새롭게 눈을 열게 되었다. 그것은 그동안 내가 염려하고 가슴 아파했던 모든 일들에 대한 온전한 보장에 대한 확신이었다. 그저 나는 우직하게 주님의 종으로서의 직분만을 감당하면 되는 것이었다. 나는 살기 위해 내 양심을 속일 필요가 전혀 없었다. 나는 사람들의 눈치를 살피거나 아부의 말을 할 필요가 없었고, 그 무엇이 두려워서 할 말을 그만두어야 할 필요도 없었다. 나는 그저 정직하게 내게 맡겨진 일만 잘 붙들면 되는 것이었다. 그 나머지는 주님께서 완전히 지키고 계시는 것이었다.

강원도에서의 힘든 연단의 기간을 잘 감당할 수 있었던 것은 주님의 은혜였다. 충남 아산시의 외곽지역에 ㅇㅇ어린이집을 예배장소로 사용하여 새로이 ㅇㅇ교회를 설립하게 된 것도 역시 주님께서 예비해주신 것이었다. 그러나 그 모든 조건들은 결코 만족할 만한 것이 못 되었다. 하나님께서 내게 맡기신 소수의 성도들은 신앙수준이 너무도 낮았고, 그들의 협력으로 교회를 세우는 일은 요원해 보이기만 하였다. 인생의 중요한 젊은 시기를 연단의 어려움으로 다 허비한 나는 마음이 급하였고 모든 조건들이 불만족스럽기만 하였다. 생활의 위협이 전혀 해결될 가능성이 없었고 목회자로서의 내 장래는 불투명하기만 하였다.

그럼에도 불구하고 나는 이 자리를 지켜야만 한다는 결론을 내리게 되었다. 깊은 회의가 내 마음을 지배하였지만, 그래도 나는 어쩔 도리가 없었다. 시간이 지나면서 나는 주님께서 내게 예비해두신 진정한 은혜를 알게 되었다. 주님이 기뻐하시는 목회는 교회를 크게 세우고 많은 성도들을 모으는 물량적인 데에 결코 있지 아니하다. 목회자의 초점은 큰 교회나 높은 명성과 같은 헛된 것들에 맞추어져서는 결코 안 되고, 성도들에게 맞추어져야 하며 목양에 모든 관심을 집중하여야 한다.

오늘의 시대는 마치 중세와도 같이 교회와 신앙의 심각한 타락과 부패를 경험하고 있다. 성도들은 축복을 신앙에서의 최대의 목표로 삼고 있으며, 세상적이고 이기적인 자기 욕망의 추구를 위해 신앙이라도 이용하려고 하고 있다. 목회자들은 부흥신학과 발맞추어 물량적 교회 성장에만 모든 관심을 집중하고 있으며, 주님과 함께 당하는 고난의 기쁨을 외면하고 있다. 자신들이 추구하는 것을 얻을 수만 있다면 어느 누구와도 기꺼이 결탁할 수 있다고 이 시대의 신앙정신은 생각하고 있다.

21세기는 영성(靈性)의 혼란을 경험하는 시대가 될 것이다. 따라서 앞으로의 시대에는 사람들이 참된 신앙의 도리를 발견하는 일이 결코 쉽지 않을 것이다. 그렇기 때문에 이 시대에는 어느 때보다도 진실한 일꾼이 요청되는 시대가 될 것이다.

제6장

—

신앙의 기초는 성숙한 인격이다

—

합당한 자격의 사람이 되어야 한다
온유한 성품이 필요하다
나이를 먹는 것만으로는 어른이 될 수 없다
말 한 마디로 공든 탑이 무너진다
순수한 마음이 교만에 이르기 쉽다
목회자는 거룩과 정직을 지켜야 한다

세상을 감당하는 믿음의 훈련

합당한 자격의 사람이 되어야 한다

우리는 누구든지 높은 지위에 오르게 되고 많은 권한을 누리게 되는 것을 원하고 있다. 그러나 높은 지위와 많은 권한을 가지게 되는 것을 원하기에 앞서서, 우리는 먼저 자신을 거기에 합당(合當)한 자격의 사람으로 만들어 갈 수 있어야 한다. 왜냐하면 자격이 없는 사람이 휘두르는 권한은 횡포의 모습으로 나타나게 되고 많은 사람을 괴롭게 하기 때문이다. 이러한 사람은 무능력과 무자격으로 인해 결국 그 자리를 내어놓게 된다. 자격이 있는 사람으로 준비되는 것은 그래서 매우 중요하다. 만일 우리가 자격이 있는 사람으로 준비될 수 있다면, 우리는 거기에 합당한 모든 지위와 권리를 누리게 될 것이 분명하기 때문이다.

솔로몬의 뒤를 이어 이스라엘 나라의 왕이 된 르호보암은 이스라엘 모든 지파의 대표들과 만나기 위해 세겜으로 갔다(왕상 12:1-17). 이때 이스라엘의 회중은 여로보암을 그들의 대표로 내세웠다. 세겜 회의의 자리에서 여로보암과 이스라엘의 회중은 백성들의 멍에를 가볍게 해줄 것을 르호보암 왕에게 요청하였고, 르호보암은 삼 일 후에 다시 만나기로 약속하였다.

르호보암은 이 문제에 대하여 우선 부친 솔로몬 왕의 신하였던 노인들과 의논하였다. 장로들의 의견은 지혜롭고도 사려가 깊었다. 그들의 의견은 왕이 만일 백성들의 종이 되어 저희를 섬기면, 저희가 진정으로 왕의 종이 되리라는 것이었다. 르호보암 왕은 이번에는 자기와 함께 성장한 소년들에게 이 문제에 대한 자문(諮問)을 구하였다. 그러나 소년들의 의견은 달랐다. "내 새끼손가락이 내 아버지의 허리보다 굵으니 내 아버지께서 너희에게 무거운 멍에를 메게 하였으나 이제 나는 너희의 멍에를 더욱 무겁게 할지라, 내 아버지는 채찍으로 너희를 징계하였으나 나는 전갈 채찍으로 너희를 징계하리라"(왕상 12:10-11)고 말하라고 소년들은 왕에게 조언하였다.

르호보암 왕은 지혜로운 원로들의 충고를 버리고 소년들의 감언이설과 같은 아첨의 말을 선택하였다. 이 일로 인하여 백성들의 마음이 왕으로부터 떠나게 되었다. 결국 이스라엘의 열 지파는 새로운 지도자인 여로보암을 왕으로 하여 새 나라를 세웠고, 르호보암은 겨우 유다 지파에서만 왕의 명맥을 유지할 수 있었다.

장로들의 견해와 소년들의 견해는 왜 이토록 서로 다르게 나타났는가? 이들의 서로 다른 의견에는 왕의 권위에 대한 각기 다른 견해의 차이가 있었던 것이다. 장로들은 권위라는 것은 바로 섬기는 자에게 주어지는 것이라고 생각하였다. 나라를 다스리는 왕의 권위는 백성을 위하여 섬기는 데 있으며, 또한 그 길만이 백성으로부터 진정한 충성을 얻어낼 수 있는 길이라는 것이었다. 이 때문에 진정한 권위는 백성들의 원성이나 비판에 대해 겸허한 자세로 귀를 기울이게 된다. 세겜 회의는 바로 이러한 비판의 자리였던 것이다. 그러나 소년들의 생각은 전혀 달랐다. 그들은 권위를 지키기 위해서는 힘이 필요하다고 생각하였다. 그들은 나라의 권위를 지키기 위해서는 막강한 힘에 의한 강력한 통치가 꼭 필요하다고 생각하였던 것이다. 그러나 이는 권위에 대한 진정한 이해가 부족한 견해였다. 백성들의 사정을 배려하지 않은 르호보암 왕의 포학한 말은 백성들의 마음을 돌이켰고, 결국 그들 열 지파는 다윗의 집을 배반하고 다른 나라를 세우게 되었다.

르호보암 왕이 현명한 원로들의 충고를 버리고 소년들의 감언이설을 선택한 것은 개인적으로나 백성들에게 있어서나 매우 불행한 일이 되었다. 그는 온전한 왕의 자격을 갖추지 못하였기 때문에 이스라엘의 거의 모든 지파를 잃어버리게 되었고, 단지 유다 성읍에서만 왕의 명분을 겨우 유지할 수 있었다. 아무나 높은 지위에 오를 수 있는 것이 결코 아니다. 자격이 없는 사람은 그 얻은 것을 신속히 잃어버리게 된다. 합당한 자격의 사람으로 준비되는 일은 그래서 매우 중요하다. 그렇기 때문에 우리는 마음에 소원하는 무엇을 얻기에 앞서서, 먼저 거기에 합당한 자격의 사람이 되기를 힘써야 한다.

온유한 성품이 필요하다

우리는 때로 다른 사람의 긍정적인 말 한 마디로 희망을 가지게 되기도 하고, 부정적인 말 한 마디로 좌절하게 되기도 한다. 특별히 성장하는 아이들에게 있어서 어른의 말 한 마디는 매우 중요한데, 그러한 한 마디의 말이 그 아이의 일생에 큰 영향력을 미치는 전환점을 만들게 되기도 하기 때문이다.

목회자는 하나님의 말씀을 사람들에게 전하도록 거룩한 직무를 부여받은 사람이다. 그렇기 때문에 목회자는 말 한 마디의 중요성을 깊이 인식하는 사람이 되어야 한다. 목회자도 역시 사람인지라 일상의 일들에서 만나게 되는 희로애락의 여러 가지 감정이 보통의 사람들과 조금도 다름이 없이 마음속에 일어나게 되기 마련이다. 기쁨의 감정과 미움의 감정, 감사와 원망 등의 느낌을 목회자는 다른 사람들과 조금도 다름이 없이 느끼며 살아가고 있다. 그럼에도 불구하고 목회자는 자기감정을 그대로 표현하기를 자제(自制)하는 법을 배워야 한다. 왜냐하면 목회자는 하나님의 말씀을 전하는 사람이기 때문이며, 그는 사람의 입장에 서기보다는 하나님의 입장에 서야만 하기 때문이다.

목회자의 마음속에도 어떤 특정한 사람에 대한 미움의 감정을 지우기 힘들 때가 있다. 그래도 그는 하나님께서 사랑하시며 아직도 기회를 제공하고 있는 그 사람을 향해 일방적으로 미움과 심판을 말할 수는 결코 없다. 왜냐하면 목회자는 자기감정보다는 하나님의 입장을 생각해야만 하기 때문이다. 이를 위해 목회자는 부당하게 억울한 일을 만났으면서도 자기감정을 잘 다스려야 하는 힘든 훈련을 받게 되기도 한다. 사실 이것은 목회자에게만 국한된 문제가 아니라, 모든 신앙의 사람들에게 해당되는 것이라 아니할 수 없다. 우리는 자신의 주관적 기준으로 사람들을 쉽게 평가하고 또한 일방적으로 하나님의 심판을 선포하는 어리석고 서툰 사례들을 종종 만나게 된다. 우리는 모든 판단의 주인이 하나님이시라는 것을 인정할 수 있어야 한다. 그리고 우리는 선악 간의 모든 사람들에게 다만 신앙인의 온유함과 자비를 보일 수 있어야 한다.[9)]

1월의 어느 날인가 내가 강원도에서 담임하던 ㅇㅇ교회에서 시찰회 모임을 가지기로 예정이 되어 있었다. 그런데 일은 그날 새벽부터 이상하게 전개(展開)되었다. 전혀 예상하지 못했던 많은 눈이 새벽부터 내렸고, 시찰장 목사님으로부터 전화가 왔다. 우리 교회는 삼척시로부터 40분 거리의 오지(奧地)에 있었고, 많은 눈이 올 경우 교통이 염려되기 때문이었다. 결국 그날의 시찰회는 동해시의 ㅇㅇ교회에서 하게 되었다. 본격적인 문제는 그 이후에 일어났다. 아침에 보니 눈은

---

9) 유대 교사들의 어록(the Sayings of the Fathers)에서도, 자비는 진정한 유대인의 표지라고 한다. 사람들에게 자비로운 사람은 아브라함의 씨에 속하며, 자비를 보이지 않는 사람은 아브라함의 자손에 속하지 않는다고 한다. 산상보훈에서 예수님은 사람들에게 하나님이 자비하신 것처럼 자비하라고 요구하신다. : G. R. 비슬리-머리, 『예수와 하나님 나라』, 박문재 역 (서울: 크리스챤 다이제스트, 1995). p.289.

곧 그쳤고, 기온이 높아서 내린 모든 눈이 다 녹아버렸다. 아내는 그 전날부터 목사님들에게 대접하기 위해 음식을 정성껏 준비하였다. 시찰회 목사님들이 조금만 성의를 가졌더라면 충분히 올 수 있는 사정이었지만, 그들은 일을 너무도 쉽게 자신들의 편의를 따라 결정해 버린 것이었다. 나는 섭섭한 마음이 들어서 그날의 시찰회에 참석하지 않았다. 이 일 때문에 내가 느끼는 섭섭함은 더욱 컸다고 할 수 있겠다. 더구나 시찰장 목사님은 사람을 무시해서인지 사과나 위로의 전화 한 통화도 없었다. 다만 시찰회 서기 목사님으로부터 한 번의 전화를 받았을 뿐이었다.

그 때 나는 나의 감정을 자제(自制)하기로 하였다. 부당하고 섭섭한 일을 만났지만 나는 거기에 대해 말하는 것을 삼가기로 하였다. 오랜 시간이 지난 후에 생각해 보니 그러한 나의 처신은 매우 현명한 것이었다. 그것은 부당한 일을 만났으면서도 온유한 성품을 나타내 보이기 위해 연출된 하나님의 훈련이었다.

나이를 먹는 것만으로는 어른이 될 수 없다

세상을 살아가는 우리 모두는 나이를 먹게 된다. 사람의 일생은 유년기와 성장기를 거치게 되고 장년기와 노년기를 경험하게 된다. 사회생활을 처음으로 시작하는 신입사원이 경험과 연륜을 쌓아 가면서 점차 중견사원이 되고 또 책임자의 자리를 맡게 되는 것은 당연한 과정이다. 누구든지 자신이 몸담고 꾸준히 종사해 온 분야에서 베테랑과 중요한 결정권자가 되는 것은 우리들 모두에게 맡겨지는 선한 소임이라 할 것이다. 철모르던 개구쟁이 소년이 성장하여 아버지가 되는 것과 소꿉장난을 좋아하던 소녀가 어머니가 되는 것은 참으로 숭고한 일이라 아니할 수 없다.

우리는 나이를 먹는 것만으로는 어른이 될 수 없다. 어른이 된다는 것은 책임을 지는 중요한 소임을 맡는 것이고, 따라서 어른의 귀중한 소임은 그저 나이가 많다거나 또는 그 분야에 오래 종사했다고 해서 단순히 아무에게나 주어질 수 있는 것이 결코 아니기 때문이다. 어른의 자리는 마치 거친 바다를 항해하는 배의 선장과도 같은 자리이며, 그렇기 때문에 그를 의지하는 모든 사람들을 책임지고 그들에게 올바른 방향을 제시하는 사람의 자리인 것이다. 따라서 공감할 만한 진솔

한 삶의 모습과 지향해야 할 확실한 방향을 제시하지 못하는 사람은 어른이 받는 모든 존경과 혜택을 누릴 자격이 없다고 해야 마땅할 것이다.

우리는 TV 화면에서 잘못을 범하고 수사기관에 붙들린 사람들의 얼굴을 자주 보게 된다. 아직은 어린 사람들의 얼굴 모습을 자신들이 스스로 가리거나 또는 희미한 영상으로 알아볼 수 없게 처리하는 것은 방송 제작자들의 선한 배려일 것이다. 그러나 중요한 책임자나 지도층 인사의 얼굴은 그대로 여과 없이 방영되고 있다. 이처럼 어른은 어떤 형식으로든 사람들 앞에서 자신의 모습에 대해 책임을 져야 하는 사람이며, 따라서 자신의 모든 모습을 있는 그대로 보여주고 있다고 할 것이다. 이 때문에 어른은 모든 사람들이 인정하는 삶의 모습을 보여야 하고, 자신이 맡은 소임의 중요성을 충분히 인식할 수 있어야 한다.

나는 두 아이들이 성장하는 과정을 지켜보면서 너무도 대견스러운 마음을 가지게 된다. 이는 아마도 자녀를 키우는 모든 부모들이 공통적으로 가지는 느낌일 것이다. 그러나 한편으로는 너무나 빨리 성장해 나가는 아이들의 모습에서 두려운 마음을 가지게 되기도 한다. 엊그제만 해도 유년기와 초등학생이었던 아이들이 어느 틈에 중학교와 고등학교를 졸업하고 벌써 대학을 진학하게 되었다. 이 아이들이 앞으로 10년 안에는 군복무와 학업을 모두 마치고 결혼을 하게 될 것이다. 이 때문에 나는 아이들의 성장속도에 비하면 너무도 준비되지 못한 나의 모습에서 큰 두려움을 가지게 된다. 이 아이들에게 나는 어떠한 삶의 모습을 보여줘야 하는가? 이제는 서로 진지한 대화를 나누는 일이 가능할 정도로 훌쩍 성장한 이 아이들을 보면서, 나는 한편으로는 매우 든든한 마음과 한편으로는 걱정스러울 정도의 두려움을 느끼게 되는 것이 사실이다.

싱그러운 화초와 같이 성장하는 이 아이들에게 나는 진정하고 바른 인생의 방향을 보여줘야 한다고 생각한다. 이미 나는 이 아이들의 마음에 많은 아픈 상처를 주기도 하였다. 그러나 이 아이들이 겪은 그 아픔이라는 것이 결코 해로운 것이 아니라는 것을, 그것은 참으로 유익하고 필요한 과정이라는 것을, 그리고 이들이 앞으로 살아가야 하는 세상에는 많은 아픔들이 있다는 것을 나는 이 아이들에게 알려줘야 한다. 나는 이 아이들이 보람되고 가치 있는 저들 나름의 인생을 용기 있게 개척해 나갈 수 있기를 진정으로 바란다. 이제부터는 좀 더 진솔하고 많이 나의 모습을 아이들에게 보여주며, 우리가 삶에서 참으로 소중히 여겨야 하는 것이 무엇이 되어야 하는지를 말해주려 한다.

말 한 마디로 공든 탑이 무너진다

예수님은 도무지 맹세하지 말라고 가르치셨다. "또 옛 사람에게 말한 바 헛맹세를 하지 말고 네 맹세한 것을 주께 지키라 하였다는 것을 너희가 들었으나 나는 너희에게 이르노니 도무지 맹세하지 말지니 하늘로도 하지 말라 이는 하나님의 보좌임이요 땅으로도 하지 말라 이는 하나님의 발등상임이요 예루살렘으로도 하지 말라 이는 큰 임금의 성임이요 네 머리로도 하지 말라 이는 네가 한 터럭도 희고 검게 할 수 없음이라 오직 너희 말은 옳다 옳다 아니라 아니라 하라 이에서 지나는 것은 악으로부터 나느니라"(마 5:33-37)

우리가 하늘로도 맹세할 수 없는 것은 하늘이 하나님의 보좌이기 때문이며, 땅으로도 맹세할 수 없는 것은 땅은 하나님의 발등상이기 때문이다. 예루살렘은 큰 임금의 성이기 때문에 이것으로도 맹세할 수 없고, 우리가 머리카락 하나도 희거나 검게 할 수 없기 때문에 이것으로도 맹세할 수 없다. 우리가 강조(强調)해서 하는 말은 거의 대부분이 악한 의도에서 나온 것일 가능성이 많다. 그렇기 때문에 우리는 "예" 또는 "아니라"의 평범한 의사표시보다 더 강한 어조로 말하는 것을 삼가야 한다. 여기서 예수님은 우리가 쉽게 던지는 말 한 마디가 가져오는 매우 큰 해악(害惡)을 경계하신 것이다.

야고보 사도는 우리 몸의 지체 중에서 마땅히 길들여야 할 것은 혀라고 말씀한다(약 3:1-12). 우리는 다 실수가 많은데, 특별히 말로 실수하지 않는다면 온전한 자라고 할 수 있다. 혀는 쉬지 아니하는 악이고 죽이는 독이 가득한 것이기 때문에 혀를 능히 길들일 사람이 없다고 사도는 강조한다.

말 한 마디로 천 냥 빚을 갚게 되는 경우도 물론 있지만, 한 말 마디를 잘못해서 공든 탑이 여지없이 허물어져 내리는 경우도 많이 있다. 그렇기 때문에 우리는 말 한 마디의 실수를 범하지 않도록 각별히 조심해야 한다. 왜냐하면 말 한 마디의 실수는 그동안 힘써 왔던 모든 수고를 능히 일시에 헛된 물거품으로 만들기도 하기 때문이다.

말 한 마디의 위력은 실로 대단하다. 하나님께서는 말씀으로 천지를 창조하셨다. 예수님은 성육신 이전에 하나님과 함께 계셨는데, 말씀의 형태로 계셨다. "태초에 말씀이 계시니라 이 말씀이 하나님과 함께 계셨으니 이 말씀은 곧 하나님이시니라"(요 1:1)

말 한 마디는 사람의 마음속에 가지고 있는 숨은 의도를 쉽게 드러낸다. 사람과의 관계는 말로 이루어지는 의사소통(Communication)을 통하여 이루어진다. 그렇기 때문에 우리는 말이 가지는 힘이 대단하다는 것을 깊이 알고, 말 한 마디를 소중히 여길 수 있어야 한다. 모든 힘든 수고를 다 행한 다음에 말 한 마디 잘못해서 그 모든 수고를 헛된 것으로 돌리는 어리석음을 우리는 범하지 말아야 한다.

순수한 마음이 교만에 이르기 쉽다

1989년에 한국외국어대학교의 학생이었던 임수경은 평양에 들어가서 북한의 세계청년학생축전에 참석하였다. 이는 북한을 적대시하던 당시의 정치상황으로는 도저히 용납될 수 없는 일이었고, 임수경에게는 국가보안법 등에 의한 무거운 처벌이 불가피하게 되었다. 이런 사정에서 천주교 정의구현사제단은 문규현 신부를 북한에 파견하였고, 문규현 신부와 임수경은 분단의 상징인 판문점을 통하여 함께 귀환하였다. 비슷한 시기에 문익환 목사는 북한으로 넘어가서 김일성 주석을 면담하고 돌아왔다. 그들은 언론의 심한 비난을 받았고 재판과 함께 무거운 징역형을 감수해야 했다. 그러나 남과 북이 화해하게 되는 오늘의 상황에서 다시 생각해볼 때, 그들은 민족의 용서와 화해를 위해 고난 받기를 마다하지 않은 진정한 선각자라 아니할 수 없다. 그들은 아직은 철저히 막혀있던 남과 북의 가시밭길을 몸으로의 고난받음을 통해 용기 있게 열어 나간 순수하고 뜨거운 정신의 소유자들인 것이다.

2001년 1월의 어느 날 일본의 언론은 동경의 신쥬쿠 지하철역에서 의롭게 죽은 한국 청년 이수현에게 주목했다. 그는 한국에서 다니던 고려대학교를 휴학하고 좀 더 넓은 세상을 배우기 위해 일본으로 건너간 청년이었다. 그는 지하철역에서 위험에 빠진 한 사람을 구하려 하였고, 그 때문에 죽음을 피할 수 없었다. 자신의 이익만을 추구하는 각박한 일본 사회에서 다른 사람의 생명을 구하려다 희생을 당한 한국인 청년의 이야기는 커다란 파문을 불러일으킨 것이었다. 그 외에도 우리는 마음이 뜨거운 순수한 젊은이들의 감동어린 이야기들을 자주 듣게 된다. 생명이 위급한 사람을 구하기 위해 불길 속이라도 마다하지 않고 뛰어드는 소방관들이 우리 가까이에 아직도 많이 있다는 것은 우리 사회가 숨쉬는 희망의 근거라 아니할 수 없다. 이들의 순수하고 깨끗한 정신이 살아있기 때문에, 사람들은 이 세상에서 맑은 공기를 호흡할 수 있다고 나는 생각한다.

세상을 아름답고 새롭게 만들어주는 힘은 언제나 순수하고 뜨겁고 젊은 정신으로부터 나온다. 마음이 뜨겁고 진취적인 젊은 영혼들의 손으로부터 사람들의 사회는 언제나 신선한 변화의 기운을 숨쉴 수 있었고, 인류의 역사는 언제나 그들에 의해 새로운 장을 열어 나왔다고 할 수 있다. 기존의 권익을 고수하려는 사람들의 부패한 정신은 새 정신에 마음을 연 순수한 사람들에 의해 언제나 걸러지고 새롭게 개편되어 왔다. 그렇기 때문에 우리는 순수함을 잃어버리지 않도록 노력해야 한다. 나이를 먹으며 세상의 모진 풍파에 씻기면서도 순수함을 지킬 수 있다면, 우리는 그래도 자신에게 맡겨진 사명의 자리를 지킬 수 있다고 나는 생각한다.

그러나 우리에게는 순수한 마음이 또한 교만에 이르기 쉽다는 이해가 필요하다. 사람의 마음이 순수함을 지키려 할 때 그 마음은 단순해지기 쉽고, 그러한 단순한 마음은 교만으로 이어지기 쉽다는 것을 우리는 꼭 기억해야 한다. 오직 한 가지만을 생각하고 부수적인 것을 고려하지 않기 때문에 사람의 마음은 외골수에 빠지게 된다. 이제 막 성장해 나가는 젊은 사람의 마음은 순수해서 좋은 반면에 그 순수함이 교만으로 연결되기 쉬운데, 이는 그에게 아직도 세상의 경험과 이해가 부족하기 때문이다. 반면에 우리는 삶의 지혜가 가득한 노인의 충고를 높이 사야 하면서도 동시에 자기 경험의 딱딱한 테두리를 벗어나지 못하는 노인의 막힌 사고방식을 경계할 수 있어야 한다. 호화 유람선 타이타닉(Titanic) 호를 침몰케 한 것은 무엇보다도 선장의 실수 때문이었다는 것을 작가(作家)는 다음과 같이 기록하였다. "선장은 자신의 29년 경험을 이성보다도 더 신뢰하였다. 이 때문에 타이타닉 호는 예기치 못한 빙산을 피할 수 없었다."

예수님은 제자들을 파송하면서 뱀 같이 지혜롭고 비둘기 같이 순결하라고 말씀하셨다. "보라 내가 너희를 보냄이 양을 이리 가운데로 보냄과 같도다 그러므로 너희는 뱀 같이 지혜롭고 비둘기 같이 순결하라"(마 10:16) 평화의 사역자인 주님의 제자들이 진리의 복음을 들고 악하고 냉정하며 잔인한 세상으로 나아가는 것은 마치 온순한 양을 사악한 이리들 가운데로 보내는 것과 같다. 이는 양들을 아끼시는 주님의 눈으로 볼 때 더욱 그러하다. 세상은 너무 사악한데 반하여서 제자들은 너무나 순수하고 미숙하다. 그렇기 때문에 주님은 제자들에게 뱀 같이 지혜로울 것을 말씀하셨다. 그러면서도 주님은 제자들이 결코 순결을 잃지 말 것을 당부하셨다. 만일 제자들이 뱀의 지혜는 가졌으되 비둘기의 순결을 잃는다면, 그 지혜는 악한 세상을 적응해 나가는 사악한 지혜로 변하게 될 것이다. 결국 예수님은 악한 세상을 살아가는 거룩한 성도들이 뱀의 지혜와 비둘기의 순결을 함께 가져야 한다는 것을 말씀하신 것이다.

우리는 물론 높은 이상(理想)을 가져야 한다. 그러나 우리가 가진 그 고결함이 자신을 주변의 사람들로부터 분리하는 일이 생기지 않도록 주의를 기울일 수 있어야 한다. 우리의 정신은 뜨겁고 순수해야 한다. 그러나 우리의 순수함이 꼭 필요한 것들을 도외시하는 단순함에 빠지지 않도록 주의해야 한다. 우리 신앙의 사람들은 비둘기 같은 순수함을 생명처럼 소중히 여겨야 하는 사람들이기 때문에, 우리는 더욱 더 뱀 같은 지혜를 가질 수 있도록 힘써야 한다.

고결함이 자신을 주변의 사람들로부터 분리하는 일이 생기지 않도록 우리는 주의를 기울일 수 있어야 한다. 우리의 정신은 뜨겁고 순수해야 한다. 그러나 우리의 순수함이 꼭 필요한 것들을 도외시하는 단순함에 빠지지 않도록 주의해야 한다. 우리 신앙의 사람들은 비둘기 같은 순수함을 생명처럼 소중히 여겨야 하는 사람들이기 때문에, 우리는 더욱 더 뱀 같은 지혜를 가질 수 있도록 힘써야 한다.

목회자는 거룩과 정직을 지켜야 한다

예수님께서 하루는 예루살렘 성전에 들어가셨다. 그리고 예수님은 그곳에서 돈을 바꾸며 비둘기 파는 사람들을 향하여 분을 내셨다. 예수님은 그들의 상을 둘러엎으시며, 그들을 향하여 "내 집을 강도의 소굴로 만드는 자들"이라고 말씀하셨다. "그들에게 이르시되 기록된 바 내 집은 기도하는 집이라 일컬음을 받으리라 하였거늘 너희는 강도의 소굴을 만드는도다 하시니라"(마 21:13)

당시의 그들은 예루살렘 성전에서 봉사하는 거룩한(?) 사람들이었다. 그들은 자신들의 봉사가 성전에서 제사 드리기 원하는 백성들에게 유익이 되도록 일하는 자들이었다. 그들은 장로들의 공회인 산헤드린에서 인가(認可)된 자들이었고, 그렇기 때문에 자신들이 받는 보수를 정당한 것으로 여기는 사람들이었다. 그럼에도 불구하고 예수님은 그들이 거룩한 성전을 유린하는 도적떼라고 말씀하셨다.

오늘도 우리가 살아가는 세상에는 백성들의 유익을 위해 봉사하도록 세움을 입은 여러 부류의 없어서는 안 될 사람들이 많이 있다. 재판관, 정치인, 교사, 목회자, 경찰, 공무원, 청소부 등 많은 사람들이 백성들의 유익을 위하여 자기 자리를 충실히 지켜야 하는 사람들이다. 이들의 직무수행은 세상의 질서를 유지하는 것이 되어야 하고, 세상의 질서를 유린하는 것이 되어서는 결코 안 될 것이다.

만일 정치인이 타락한다면 사람들은 그 사회에서의 삶을 지탱해 나가기가 매우 힘들어진다. 우리는 과거의 정권에서 정경유착의 뿌리 깊은 부패가 대부분의 서민들에게 가져다 준 경제적 피해와 심리적 절망감을 이미 경험하였다. 그보다도 더 사람들의 마음을 아프게 하는 일이 있다. 그것은 재판관이 부패하는 사회에서 벌어지는 커다란 비극이다. 뇌물을 받고 재판을 굽게 하는 것은 하나님께서 가장 미워하시는 범죄인데, 우리는 매스컴을 통하여 법조인 비리사건의 슬픈 소식을 듣게 된다. 그리고 이보다도 더 심각한 비극이 있는데, 그것은 선생님과 목회자가 타락할 때 생겨진다. 사람을 바른 인간이 되도록 가르치고, 사람을 좋은 신앙인이 되도록 가르치는 소중한 직무(職務)를 맡은 자들에게 특별히 요청되는 것은 높은 이상과 깨끗한 양심일 것이다. 사람 되기를 가르치는 자들의 부패가 온 세상에 가져오는 해악(害惡)은 너무나 크며, 이는 가히 절망적이라 아니할 수 없을 것이다.

하나님께서는 그 모든 직분의 사람들보다도 주님의 교회를 지키는 목회자를 가장 소중히 여기신다. 목회자는 백성들을 위하여 주님의 말씀을 섬기고 봉사하도록 부름 받은 하나님의 일꾼이다. 따라서 목회자의 양심은 그 사회의 마지막 남은 양심이라 아니할 수 없다. 세상의 모든 것들이 다 부패할지라도 목회자는 마지막까지 거룩과 정직을 지켜야 한다. 목회자의 삶은 자신이 지켜야 할 것을 위해 가히 생명을 걸어야 하는 삶이 되어야 한다고 나는 생각한다.

제7장

신앙은 미래지향적이다

권위에 대한 도전은 성장하는 증거이다
개혁자는 피를 부르는 사람이다
우리는 무조건 용서해야 한다
주변의 모든 것들을 사랑하라
지금은 분리의 시대이다
믿음이 모든 것을 바꾼다

세상을 감당하는 믿음의 훈련

권위에 대한 도전은 성장하는 증거이다

우리는 위로부터 세워주신 권위(權威)를 인정하고 거기에 순복할 수 있어야 한다. 왜냐하면 권위는 세상의 질서를 유지하기 위해 하나님께서 주신 것이기 때문이다. 그렇기 때문에 무리하게 권위에 대해 도전하는 행동은 매우 어리석은 자세이고, 그러한 행동에는 하나님의 징벌이 분명히 따르기 마련이다.

그러나 우리는 살아가면서 권위에 대해 도전하고 싶은 유혹을 강하게 느낄 때가 있다. 이러한 느낌은 이제 막 자기 가치관을 형성하며 성장해 가는 청소년의 시기에 강하게 나타나고, 사회적으로는 기존의 질서가 붕괴되고 새로운 질서를 개편해 나가는 과도기적 과정에서 매우 심각하게 나타나게 된다. 아버지의 권위가 아들로부터 거절을 당하고, 지도자의 말이 따르는 자들에게 납득되기 어려운 하극상(下剋上)의 현상을 우리는 너무 비관적으로만 이해할 것이 아니다. 왜냐하면 모든 생명 있는 것들의 내면에는 성장을 위한 갈등과 충돌이 언제나 역동적으로 존재하고 있기 때문이다.

하나님께서는 사용하시는 천사들을 바람으로 보시며, 사역자들을 불꽃으로 삼으신다(히 1:7). 하나님께서는 언제나 부패한 옛 시대를 마감하시고 새로운 시대를 열어서, 사람들로 하여금 앞으로의 새롭고 벅찬 기대를 가지고 살아가게 하신다. 춥고 삭막한 겨울의 어려움이 지나가면 반드시 만물이 생동하는 봄이 오는 것처럼, 우리는 언제나 새롭고 싱그러운 것들에 대한 기대를 가지기 때문에 삶을 힘차게 살아갈 수 있다.

비판의 정신과 같이 우리 삶에 새 힘을 공급해 주는 것은 없을 것이다. 고여 있는 물이 필연적으로 썩을 수밖에는 없는 것은 당연한 이치이다. 세상의 질서는 언제나 새로운 것을 추구하면서 낡고 부패한 것들을 걸러내고 있다. 기존의 질서는 낡고 부패한 요소들을 많이 함유하고 있기 때문에, 언제나 새롭고 신선한 가슴을 가진 젊은 일꾼들을 기다리고 있다.

아버지가 아들 앞에서 점점 권위를 상실해 가는 것은 결코 이상한 일이 아니고, 슬퍼해야 할 일도 아니다. 그렇기 때문에 오늘의 지도자는 내일의 새로운 일꾼을 길러낼 수 있어야 하고, 자기의 자리를 그들에게 기꺼이 내어줄 수 있어야 한다. 우리는 결국 지나가는 삶의 순례자라는 것을 기억해야 하고 적당한 때에 모든 것을 내놓을 수 있도록 마음을 비우는 연습을 해야 한다.

개혁자는 피를 부르는 사람이다

종교개혁자 마틴 루터(M. Luther)는 1517년 10월 31일 교황의 면죄부 판매를 반대하는 95개조의 항의문(protestant)을 빋덴베르그 교회의 문앞에 게재하였다. 이 작은 항의문이 그렇게 큰 반향을 불러올 것이라고 루터는 전혀 생각하지 못하였다. 그는 단지 신학적인 토론을 원하였을 뿐이었다. 불가사의하게도 루터의 시대는 신앙의 개혁을 원하는 전체의 분위기가 무르익은 때였다. 이 때문에 루터의 작은 움직임은 바싹 바른 볏짚에 불씨를 던진 격이 되었다. 그렇기 때문에 루터가 일으킨 이 작은 불씨는 요원의 불길과도 같이 온 유럽에 번져 나갔다.

16세기에 일어난 종교개혁은 이렇게 예기치 못한 엄청난 반응을 불러 일으켰고, 부패한 중세의 교회를 새롭게 갱신하였다. 개혁의 신선한 움직임은 부패하고 타락한 중세교회에 새로운 변화를 가져온 것이었다. 종교개혁의 운동은 그동안의 형식만을 고수하던 죽은 신앙을 반성하는 계기가 되었고, 전통과 교리에만 묶여있던 성직자들의 마음을 진리로 변화하게 하였다. 사람들의 마음은 깨어났고, 새로운 정신의 움직임은 유럽에 문예부흥(Renaissance)을 가져왔다.

“개혁된 교회는 계속해서 개혁되어야 한다”는 것이 개혁주의(Reformation)의 정신이다. 어떤 의미에서 오늘의 교회는 중세교회보다도 더 많이 개혁을 필요로 하는 교회가 되어 있다고 할 수 있다. 이 시대에는 축복과 성장만을 추구하는 신앙의 이기주의가 팽배해 있으며, 이웃의 아픔을 기꺼이 외면하려는 몰이해가 오늘의 교회 안에 가득 차 있다. 성도들은 물질만능의 맘몬주의(Mammonism) 우상에 깊이 젖어있고, 고난의 깊은 의미를 이해하지 못하게 되었다. “오늘의 교회는 더 이상 성장을 말하면 안 됩니다. 이제 교회는 체질을 바꾸어야 합니다.”라고 의식 있는 신앙의 사람들은 강조하고 있다.

사람들의 사회는 어느 시대에나 개혁에의 초청을 거절할 수 없었다. 오래되고 부패한 것들을 걸러내는 새로운 작업은 그 무르익은 성숙한 때를 결코 피할 수 없다는 것이 역사가 후손에게 물려준 소중한 교훈이다. 복음의 초기에 한국교회는 새로운 은혜의 바람을 이 사회에 가져왔다. 교회는 미개한 민중을 일깨웠고, 사람들이 나아갈 방향을 제시했으며, 민족의 고난을 자신의 몸으로 받아들였다. 그러나 그때보다 크게 성장한 오늘의 교회는 이제 과거와는 훨씬 다른 사정 가운데 있다. 축복과 은혜의 추구는 물질주의적 욕망으로 바뀌었고, 뜨거운 처음의 사랑은 딱딱한 형식주의와 죽은 전통으로 바뀌었다. 자신을 능히 버리는 헌신은 자신을 지키려는 무능으로 바뀌었다. 그렇기 때문에 이 시대의 교회는 그 어느 시대보다도 개혁을 절실히 요청하고 있다.

그러나 개혁자는 피를 부르는 사람이라는 것을 나는 말하려고 한다. 인류의 역사는 한 마디로 피의 역사라고 할 수 있다. 자유(Liberty)

는 거저 얻어지는 것이 아니라 싸워서 쟁취되는 것이기 때문이다. 새로운 질서를 갈구하는 과감한 변화의 요청은 부패한 과거의 것을 조금도 용납할 수 없게 된다. 이 때문에 진보주의는 신선하고 새로운 변화의 바람을 불러오는 한편에서 희생의 피를 부르는 무서운 숙정을 단행하게 된다.

우리는 개혁이 피를 부르는 작업이라는 것을 명심해야 한다. 이 때문에 우리는 개혁을 위한 작업의 모든 시작은 먼저 나부터가 되어야 한다는 것을 꼭 기억해야 한다. 모든 비난의 화살을 내가 아닌 다른 사람에게로 돌리려 할 때 우리는 중세 "마녀사냥"의 우(愚)를 다시 범하게 될 것이다. 자신을 깊이 돌아보고, 자신 안에 주님의 뜻을 받아들이는 깊은 자기반성으로부터 모든 개혁의 움직임은 시작되어야 한다. 교회는 비난을 통해서는 결코 살아남을 수 없다. 이 시대의 교회는 모든 부패와 잘못을 자신의 것으로 받아들이고 감싸 안는 회개와 변화를 보일 수 있어야 한다. 높은 정신과 함께 넓은 마음을 오늘의 교회는 소유할 수 있어야 한다.

우리는 무조건 용서해야 한다

"우리가 우리에게 죄 지은 자를 사하여 준 것 같이 우리 죄를 사하여 주시옵고"(마 6:12)라 기도하라고 예수님은 가르쳐 주셨다. 이웃이 우리에게 행한 악행(惡行)을 용서하는 것이 우리 자신의 죄가 주님으로부터 사함을 받는 조건이 되는 것은 물론 아니다. 그러나 우리는 주님으로부터 언제나 큰 은혜를 받으며 살고 있기 때문에, 이웃이 우리에게 행한 작은 잘못들을 용서할 수 있어야 한다.

용서라는 것은 쉽게 그리고 단번에 이루어질 수 있는 것이 결코 아니다. 마음에 남은 상처가 깊으면 깊을수록 용서로 그 상처를 정리하는 일은 그만큼 어렵기 마련이다. 상대방이 자신의 잘못을 충분히 인정하고 반성하는 사정이라면 그 일은 그래도 쉽다고 할 수 있다. 마음을 찌르는 어리석고 무례한 행동이 계속되고 더구나 개선(改善)의 가능성이 거의 보이지 않는 사정에서도 넓은 마음으로 모든 것들을 포용하는 일은 쉽게 되지 않는다. 특별히 나는 어떤 외형적 조건 때문에 마땅히 존중되어야할 사람과의 인격적(人格的) 관계가 무시되는 것을 가장 증오한다. 사람과 사람의 관계가 인격과 인격의 관계(I and You)가 아니라 인격과 사물(I and It)의 관계로 변질되는 것보다 더 분통 나는 것은 없을 것이다. 누구든지 그런 부당한 경우를 경험했다면 마음 속에서 일어나는 증오의 불길을 통제하기는 결코 쉽지 않게 된다.

그럼에도 불구하고 우리가 주님으로부터 용서의 명령을 받고 있다는 것을 기억하는 일은 중요하다. 용서는 또한 우리 자신과 상대방을 미움의 파괴적인 손해로부터 안전하게 지켜주는 지름길이 된다. 1) 사람은 누구나 자신이 약하다고 생각하기 때문에 자신을 먼저 지키려는 이기적인 생각을 가지게 된다. 대부분의 경우는 그런 이기적인 자세가 우리에게 준 상처이기 때문에, 우리는 넓은 마음으로 용서해야 한다. 2) 때로 우리는 악의(惡意) 있는 행동을 만나게 되기도 한다. 이는 그 사람이 부족하고 어리석어서 바르지 못하게 행동하는 결과이다. 이때 우리는 상대방의 부족함을 보면서 우리 자신도 완전하지 못하다는 것을 생각해야 한다. 그러므로 우리는 이것도 용서할 수 있어야 한다. 3) 더 중요한 것은 하나님께서 그렇게 하셨다는 사실이다. 우리가 만나게 되는 어떠한 불이익도 주님께서 모르시는 것은 하나도 없다. 그 모든 부당한 일들은 결국 우리 영혼의 유익을 위해 주님의 손으로부터 주어진 것이기 때문에, 우리는 하나님과 사람 앞에서 용서의 넓은 마음을 보일 수 있어야 한다.

사람들은 누구든지 좋은 것 얻기를 원하고 있으며, 그것은 신앙인의 세계에서도 마찬가지라 할 수 있다. 성취의 동기는 세상을 움직이는 힘이 되고, 하나님께서는 마음이 뜨거운 사람을 기쁘게 여기신다. 그러므로 우리는 의욕적이고 진취적인 삶을 살아야 한다. 그러나 동시에 우리는 이웃의 사정을 살필 수 있어야 한다. 우리의 행복추구가 이웃에게 해를 끼치는 이기주의로 나타나고, 우리의 자랑이 이웃의 마음에 상처를 준다면 우리는 다시 한 번 깊이 생각할 수 있어야 한다. 세상의 물질들은 우리가 살고 활동하는데 없어서는 안 될 소중한 자원이다. 그러나 만일 그것들이 너무 과잉으로 공급된다면 그것은 우리의 생명을 죽게 하는 큰 위협이 될 것이다. 가졌으면서도 계속 가지려는 가난병에 들린 마음은 이웃에 깊은 상처를 주고 자신도 죽게 만들 것이다. 자신의 상처가 너무나 크다고 생각해서 이웃을 이해할 수 없다면 이는 매우 불행한 일이 된다. 이제 우리는 눈과 마음을 이웃에게로 돌릴 수 있어야 한다. 용서와 이해는 우리 자신과 이웃을 살리는 양약(良藥)이 된다.

주변의 모든 것들을 사랑하라

사람이 가진 기능 중에서 망각이라는 것은 창조주께서 우리에게 주신 매우 좋은 것들 중의 하나이다. 우리의 마음을 아프게 했던 기억도, 기쁨의 시간에 가졌었던 가슴 벅찬 기억도, 사람들로부터 받은 불신과 미움의 감정도, 시간이 흐름에 따라 어느 정도는 잊히고 마음속으로부터 사라진다는 것은 우리에게 매우 유익하다. 왜냐하면 우리는 지나간 과거의 일에만 집착할 수는 없기 때문이다. 우리에게는 아직 가보지 않은 미래의 날들이 많이 남아 있고, 새로운 마음을 가지고 그 날들을 보람되게 살아야 하기 때문이다.

우리들 대부분은 주변의 사람들로부터 받은 마음 깊은 상처를 쉽게 씻어내지 못하는 경향이 있다. 상대방이 내게 가해온 무례하고 악한 언행으로 인해 우리 마음속에는 미움의 감정이 생기게 된다. 그리고 그러한 감정은 매우 오랫동안 우리의 마음을 괴롭히게 되며, 그것을 깨끗이 해결해 내는 일이 결코 쉽지는 않다. 사람의 감정은 상호간에 영향을 끼치기 때문에 나쁜 감정들은 작용과 반작용을 거듭하면서 사람 사이의 관계를 더욱 더 악화시키기 마련이다. 사람들은 대부분 상대방으로부터 받은 호의보다는 상대방으로부터 받은 악의를 더욱 깊이 기억하는 경향이 있는데, 이는 악의가 가져다주는 마음의 상처가 크기 때문이다.

하나님께서 사람의 수명을 어느 정도로 한정해 놓으신 것은 매우 다행스러운 일이다. 사람은 누구든지 몸이 늙고 제 기능을 다하지 못하는 것을 보면서 마음도 늙게 되는 것 같다. 사람이 마음으로 느끼는 정력은 한이 없어서, 몸을 비롯한 주변 환경의 한계를 만나면서 비로소 자신의 자리를 확인하려는 경향이 있다. 생명공학을 위주로 한 과학의 힘이 인간의 수명을 연장할 수 있다면, 그 결과는 인간에게 행복과 번영을 결코 가져다 줄 수 없고 엄청난 재앙을 가져다 줄 것이 분명하다고 나는 생각한다. 그 사회에서는 인간성보다는 기능을 우선하는 윤리가 지배하게 될 것이고, 사람들이 사람 되기를 거절하는 세상이 될 것이다. 사람의 욕심은 한이 없고 누구든지 자기의 생존과 이익을 위해서는 다른 사람의 권익 정도는 기꺼이 침범하려는 것이 대부분 사람들의 생각이기 때문이다.

우리는 이 땅에서의 삶이 매우 한정적이라는 것에 깊은 이해를 가져야 한다. 삶이란 우리가 마음대로 욕심(慾心)을 실현할 수 있을 정도로 우리에게 그렇게 무한정 허락되는 것이 결코 아니다. 하나님의 전능하심과 영원하심에 비하면 우리의 삶이란 그저 잠시 동안의 머무름에 불과하다는 것을 기억해야 하고, 우리는 인생의 한계를 마음으로부터 인정할 수 있어야 한다. 우리의 남은 삶의 기간이 매우 짧다는 것과 이 기간은 선한 일만 하기에도 매우 부족하다는 것을 인정할 수 있다면, 우리는 작은 손해 정도는 얼마든지 감내할 수 있다고 나는 생각한다. 조금 가까이와 그리고 조금 멀리에서 내게 인연이 닿아있는 모든 사람들을 사랑하기에도 나의 힘이 모자란다는 것을 우리가 이해할 수 있다면, 우리는 작은 손해로 인한 미움의 감정을 넉넉히 극복해 낼 수 있다. 그 때 우리는 지금이야말로 넉넉하고 넓은 가슴으로 모든 사람을 감싸 안아야 할 때라는 것을 알게 된다.

우리는 미움을 받아도 사랑할 수 있는 사람이 될 수는 없을까? 예수님은 원수까지라도 사랑하라고 말씀하시며, 오 리를 가자고 할 때에 십 리까지라도 동행하라고 말씀하셨다. "또 눈은 눈으로 이는 이로 갚으라 하였다는 것을 너희가 들었으나 나는 너희에게 이르노니 악한 자를 대적하지 말라 누구든지 네 오른편 뺨을 치거든 왼편도 돌려대며 또 너를 고발하여 속옷을 가지고자 하는 자에게 겉옷까지도 가지게 하며 또 누구든지 너로 억지로 오 리를 가게 하거든 그 사람과 십 리를 동행하고 네게 구하는 자에게 주며 네게 꾸고자 하는 자에게 거절하지 말라"(마 5:38-42)

대부분의 사람들은 이웃으로부터 받는 멸시와 손해와 미움을 참아내기에 매우 힘들어한다. 그리고 그것은 지극히 당연한 감정이라 아니할 수 없다. 그러나 우리가 조금만 더 마음을 넓게 가질 수만 있다면 우리는 주변의 모든 것들을 사랑할 수 있다. 우리의 삶을 오직 생존을 위한 처절한 투쟁으로 채우는 대신에 우리의 삶을 자신에게 지워진 사명감과 사람을 사랑하는 마음으로 채울 수 있다면, 그 사람은 삶의 기쁨과 보람을 즐기는 사람이 될 것이 분명하다. 우리는 손해를 당하여도 용서하며, 이용을 당하는 것 같을 때에도 기꺼이 사랑으로 선을 베풀 수 있다면 참 좋겠다. 왜냐하면 우리의 인생은 그렇게 길지 않기 때문이다.

지금은 분리의 시대이다

한신교회를 담임했던 이중표 목사는 별세의 신앙을 주제로 하는 몇 권의 책을 발표했다. 세상의 그 어떠한 조건으로도 결코 흔들릴 수 없는 바른 신앙의 모습을 그는 별세의 신앙이라는 하나의 단어를 통해 함축적으로 잘 표현했다고 나는 생각한다. 우리의 신앙이 삶에 주어지는 조건들에 의해 좌우되거나 흔들릴 수 있다면 그것은 이미 바른 신앙이 아닌 것이다. 왜냐하면 신앙과 사명은 하나님 앞에서의 문제이기 때문이다. 그렇기 때문에 그것은 이미 가난이나 부요, 높아짐이나 낮아짐, 존귀와 비천 등 이 세상에서 주어지는 모든 조건들을 초월하고 있다.

우리는 그동안 바른 신앙생활의 결과를 풍성한 축복으로 당연하게 연결시키는 성장신학의 메시지에 알게 모르게 젖어서 살아 왔다. 우리들 모두는 "사랑하는 자여 네 영혼이 잘됨 같이 네가 범사에 잘되고 강건하기를 내가 간구하노라"(요삼 1:2)는 삼박자 축복의 이러한 말씀들을 많이 즐거워해 왔다. 이로 인해 우리는 신앙인의 삶을 권능 안에서 진행되는 풍성한 축복의 삶으로만 이해해 왔다. 그렇기 때문에 성장신학의 입장에 선 사람들은 축복의 결과를 가져오지 못하는 신앙인의 생활을 인정할 수 없었고, 그들은 신앙인이 무능하게 당하기만 하는 고난의 실상에 대해 이해할 수 없었다.

한편으로 우리는 신앙이 세상의 조건들에 의해 좌우될 수 없다는 것을 이해하고 인정하는 좀 더 사려 깊은 신앙인들이 있다는 것을 알고 있다. 우리는 신앙의 목표를 축복과 같은 이 세상의 조건들에 두어서는 아니 된다. 하나님께로부터 선한 조건들이 우리의 삶에 주어진다면 어느 누구도 좋은 신앙인이 될 수 있지만, 만일 그러한 조건들이 열악한 환경으로 바뀌는 사정을 만난다면 누구든지 힘들고 고통스러워할 것이다. “사탄이 여호와께 대답하여 이르되 욥이 어찌 까닭없이 하나님을 경외하리이까 주께서 그와 그의 집과 그의 모든 소유물을 울타리로 두르심 때문이 아니니이까 주께서 그의 손으로 하는 바를 복되게 하사 그의 소유물이 땅에 넘치게 하셨음이니이다 이제 주의 손을 펴서 그의 모든 소유물을 치소서 그리하시면 틀림없이 주를 향하여 욕하지 않겠나이까”(욥 1:9-11)

그렇지만 참된 신앙의 사람은 여기서 자신의 진정한 모습을 드러내게 된다. 그렇기 때문에 삶에서 만나게 되는 나쁜 조건들은 우리의 신앙이 어떠한가를 여실히 드러내는 시금석(試金石)이 되며, 하나님께서는 알곡인 참된 성도들을 쭉정이인 겉으로만의 신앙인으로부터 구별해 내기 위해 가끔 이러한 시험의 방법을 사용하기도 하신다. “여호와께서 사탄에게 이르시되 내가 그의 소유물을 다 네 손에 맡기노라 다만 그의 몸에는 네 손을 대지 말지니라 사탄이 곧 여호와 앞에서 물러가니라”(욥 1:12) “여호와께서 사탄에게 이르시되 내가 그를 네 손에 맡기노라 다만 그의 생명은 해하지 말지니라”(욥 2:6)

목회자가 된 다음 나와 가족들이 경험한 일들은 매우 혹독했다. 마음을 의지하던 거의 모든 재산을 잃게 되었지만, 우리의 믿음은 처음부터 순수했고 흔들리지 않았다. 말로는 다 설명할 수 없는 힘든 고통이 매우 오랫동안 쉬지 않고 밀려왔지만 나와 아내는 서로를 의지하고 위로함으로써 잘 지탱해 내었다. 목회의 장래가 보장된 좋은 길이 막히게 되고, 교회부흥의 가능성이 전혀 보이지 않는 답답한 사정을 만난 것은 결코 우연한 일이 아니었다. 그것은 결국 나를 만드시는 하나님의 일하심에 의한 것이었다. 설상가상으로 우리는 이러한 것들보다도 한층 더 힘든 고통을 만나게 되었다. 그것은 아이들의 학업이 불가능하고 아이들의 장래가 불투명한 시련이었는데, 그것은 우리에게 죽음보다도 견디기 힘든 시련이 되었다. 아이들의 불만이 포화상태에서 폭발직전에 이르렀다는 것을 알면서도 나는 그러한 아이들의 불만스러운 시선을 피하고 일부러 무감각한 척 하였는데, 그것은 아버지가 할 짓이 아닌 정말 가슴 아프고 힘든 노릇이었다. 세상의 모든 것을 다 잃어버려도 오직 주님의 직분을 생명보다도 더 소중히 여기는 간절한 마음으로 나는 이러한 시련들을 꿋꿋이 이겨내었다. 그래도 아내의 결단과 도움이 큰 힘이 되었는데, 이는 우리를 선한 일꾼의 가정으로 세우시려는 하나님의 은혜였다.

우리가 앞으로 만나게 되는 시대는 지금까지의 시대와는 전혀 다른 시대가 될 것이라고 나는 생각한다. 지금까지는 성장의 시대였다. 그 시대는 성령의 은사로 비유되는 이른 비와 늦은 비의 시대였으며, 그러므로 성도들은 성장에 필요한 좋은 모든 조건들을 넉넉히 공급받을 수 있었다. 그렇기 때문에 지금까지는 축복의 메시지들이 말씀선포의 주류를 형성하였고, 사람들은 믿음 안에 예비된 풍성한 축복을 갈구하였다. 그러나 앞으로의 시대는 전혀 다르다는 것을 우리는 명심해야 한다. 왜냐하면 우리는 이제 성장의 때를 지낸 다음에 필연적으로 돌아오게 되는 결실과 수확의 때를 만나야 하기 때문이다. 성장의 시대에 결실은 그렇게 중요하게 생각되지 않았다. 오로지 무성하게 자라나는 것이 그 시대의 최대목표가 되었기 때문이다. 그러나 수확의 시대에는 사정이 전혀 다르게 된다. 왜냐하면 이제까지의 성장이 결실의 좋은 결과로 나타나야 하기 때문이며, 성장은 있는데 결실이 없어서는 안되겠기 때문이다. 그리고 오직 풍성한 결실만이 한 해 농사의 모든 결론을 제시해주기 때문이다.

그렇기 때문에 이 시대에 우리는 그동안 배워 온 신앙을 삶의 결실로 드러낼 수 있어야 한다. 이 시대는 교회 안에서는 믿는 자인데 교회 밖에서는 신앙인의 본을 보이지 못하는 위선의 모습을 더 이상 용납할 수 없다. 말로는 그럴듯한 성도인데 신앙을 위해 삶의 작은 희생도 받아들일 줄 모르는 이기주의도 가차없이 배격을 당하게 된다. 한 발은 세상에 다른 한 발은 하나님 나라에 두는 적당한 타협의 자세로는 이제 더 이상 신앙인의 삶을 지탱해 나갈 수 없다. 그러므로 마음이 은밀히 좋아하는 세상의 것들을 끊어야 하는 아픈 결단이 이 시대에는 진정으로 요청된다고 하겠다.

당신은 세상보다도 신앙을 더 소중히 여기는가? 우리는 소돔성으로부터 피신해 나가던 롯의 아내가 뒤를 돌아보다가 소금기둥이 된 것을 잘 알고 있다(창 19:26). 유황불에 의해 멸망이 진행되던 그 절박한 심판의 때에도 그 여인은 세상에 대한 미련을 끝내 버리지 못하고 있었던 것이다. 이 때문에 그 여인은 안타깝게도 죽음을 피할 수 없었다.

신앙과 사명을 세상의 조건들로부터 분리해 내는 일은 우리 안에서 그렇게 쉽게 이루어지는 것이 아니다. 왜냐하면 몸을 가진 우리는 누구나 할 것 없이 세상으로부터 필요한 것들을 공급받아야 하고, 또 그러한 것들을 은밀히 좋아하고 있기 때문이다. 그렇지만 마음으로부터 세상을 조금이라도 사랑하는 사람은 좋은 신앙의 열매를 보일 수 없다. 세상의 그 어떠한 것보다도 신앙을 소중히 여기는 생활로만 우리는 열매를 맺을 수 있다. 이제 우리는 신앙을 생명처럼 소중히 여기려는 결단이 요청되는 엄격한 분리의 시대에 살고 있다는 것을 기억해야 한다. 오직 신앙과 사명을 위해 세상이 주는 모든 혜택을 기꺼이 버릴 수 있는 믿음이 이 시대에는 꼭 필요하다. 왜냐하면 오늘의 시대는 알곡은 모아 창고에 들이고 쭉정이는 모아서 가차 없이 불사르는 시대이기 때문이다.

믿음이 모든 것을 바꾼다

예수님이 여리고에 들어가다가 길가에 앉아 구걸하는 한 맹인 거지를 만나셨다(눅 18:35-43). 그 맹인은 모인 사람들로부터 나사렛 예수께서 지나가신다는 말을 듣게 되었고, "다윗의 자손 예수여 나를 불쌍히 여기소서"라고 소리 높여 외쳤다. 사람들이 그를 향해 잠잠하라고 꾸짖음에도 불구하고 그는 더욱 소리를 높였다. 그리하여 결국 예수님이 "네게 무엇을 하여 주기를 원하느냐"고 그에게 묻게 되었다. 그는 보기를 원한다고 말씀드렸고, 곧 보게 되어 하나님께 영광을 돌리며 예수님을 좇았다.

날 때부터 소경이 되어 성인이 된 지금까지 오로지 다른 사람들의 도움을 의지하는 구걸로만 살아온 그의 마음이 어떠했을까? 자신에게 주어진 삶의 조건들이 너무나 비참하다는 것을 깨닫게 되면서, 그의 가슴은 불공평에 대한 원망으로 불붙었을 것이 분명하다. 그의 몸은 생존을 위해 세상과 부딪쳐야 했을 것이며, 그의 마음은 좌절이라는 말에 익숙해 있었을 것이다. 그는 희망을 감히 꿈꿀 수 없었고, 보람과 만족과는 전혀 다른 길을 걸어야만 했을 것이다. 홀로 감당하기에는 너무도 힘든 조건들을 주신 창조주 하나님께 대해 그는 과연 어떠한 마음을 가졌을까?

조건(條件)이 사람을 제한하고 또 사람으로 하여금 거기에 익숙하게 만드는 것은 일반적인 현상이다. 그는 아마도 희망을 가질 수 없는 좌절의 조건들 속에 그만큼 익숙해서 성장해 왔을 것이라고 나는 생각한다. 그럼에도 불구하고 그러한 그가 예수님을 향해 크게 소리 지른 것은 진정으로 획기적인 일이라 할 수 있다. 잠잠하라고 꾸짖는 사람들의 제재가 그를 막을 수 없었고, 그의 뜨거운 부르짖음은 예수님의 관심을 자신에게로 돌려놓기에 까지 이르렀다. 그는 보기를 원하는 자신의 소원을 예수님께 담대히 진술하였고, 그리하여 그의 삶은 이제까지와는 전혀 다른 커다란 변화의 국면을 만날 수 있게 되었다.

우리는 삶에 주어지는 조건들을 어떠한 자세로 대할 것인가? 사람의 몸은 물질로 구성되어 있고, 그렇기 때문에 사람은 주어진 조건들 안에서 살아가야 한다. 그럼에도 불구하고 우리가 어떠한 관점(觀點)을 가지는가 하는 것이 매우 중요하다고 나는 생각한다. 모든 주어진 한계들을 넘어서는 가능성에의 바램을 성경은 믿음이라고 말한다. "믿음은 바라는 것들의 실상이요 보이지 않는 것들의 증거니 선진들이 이로써 증거를 얻었느니라"(히 11:1-2). 아브라함이 바랄 수 없는 중에 하나님을 믿었고, 하나님께서는 이러한 아브라함의 믿음을 의롭게 여기셨다. "아브라함이 바랄 수 없는 중에 바라고 믿었으니 이는 네 후손이 이같으리라 하신 말씀대로 많은 민족의 조상이 되게 하려 하심이라 그가 백세나 되어 자기 몸이 죽은 것 같고 사라의 태가 죽은 것 같음을 알고도 믿음이 약하여지지 아니하고 믿음이 없어 하나님의 약속을 의심하지 않고 믿음으로 견고하여져서 하나님께 영광을 돌리며 약속하신 그것을 또한 능히 이루실 줄을 확신하였으니 그러므로 그것이 그에게 의로 여겨졌느니라"(롬 4:18-22)

나와 가족들이 목회자의 직분을 생명처럼 소중히 여기고 지낸 짧지 않은 기간 동안 최선을 다해 살아온 결과는 너무도 참담했다. 우리는 그동안 종의 직분을 지키기 위해 최선을 다하였고 신앙과 양심에 어긋나는 행동 하는 것을 두려워하며 살아왔다. 그러나 그 결과는 너무나도 우리의 마음을 아프게 하였다. 우리는 거의 노숙자 수준으로 가난에 떨어졌고, 목회의 길마저 완전히 단절되었고, 가난을 힘들어하는 아이들의 불만이 포화상태에 이르게 되었다.

하나님께서 축복과 즐거움을 주실 때만 아니라 가난과 고통을 주실 때에도 하나님을 섬길 수 있는 가를 나는 물어야만 했다. 지금의 조건들만 생각한다면 "하나님이 과연 어디에 계신가? 하나님을 지극히 섬긴 결과가 과연 무엇인가?"의 깊은 의문을 제기하게 된다. 그러나 하나님께서는 조건들을 넘어서는 믿음을 우리에게 요청하신다는 결론을 나와 아내는 가지기로 하였다. 우리 모두는 육신을 입고 있기 때문에 삶의 조건은 생존과 생명에 직결된 심각한 문제라 아니할 수 없다. 그럼에도 불구하고 죽음을 넘어서는 믿음이 우리에게 요청되고 있다. 하나님께서 원하시는 우리의 믿음은 조건에 의해 쉽게 좌우되는 낮은 수준에 머물 수 없기 때문이다.

여리고에서 예수님을 만난 맹인 거지는 분명히 인생의 흔하지 않은 기회를 잘 포착했다. 그러나 만일 그의 마음이 원망과 좌절로만 채워져 있었다면 그는 그 기회를 붙들 수 없었을 것이다. 그가 그 기회를 붙들 수 있었던 것은 고통과 좌절의 깊은 자리에서도 하나님의 신실하심에 대한 믿음과 희망의 가능성을 항상 마음에 가졌었기 때문이었다.

글을 마치며

나는 하나님께서 나를 주의 종으로 부르셨다는 것에 대하여 매우 감사하고 귀하게 생각했다. 이 세상에서 주의 말씀을 전하며 그 말씀을 붙드는 일보다 더 귀한 일이 또 있을 것인가? 그러나 한편으로 나는 나의 이 길이 철저하게 막혀있다는 현실 앞에서 놀랐고 좌절했고 너무나도 의아하게 생각했다. 나는 생각하고 또 생각했다. 왜냐하면 주의 종으로써 내가 만난 현실은 막힘의 현실, 어려움의 현실, 더 나아가서 죽음의 현실 바로 그것이었기 때문이었다.

나는 이렇게 너무나도 살아갈 대책이 없는 가운데 그래도 주의 종 직분을 그 무엇보다도 더 귀하게 여겼고 온 힘을 다해 붙들었다. 두말할 것도 없이 삶의 어려움이 밀려왔고 참으로 모든 일에 대책이 없는 막막한 현실이 나를 힘들게 하였다. 나 자신은 그렇다 하더라도 나의 가족들은 이런 나를 너무도 막막해 했고 답답해하였다. 아내의 협력이 너무나도 고마웠고 불투명한 아이들의 장래 앞에서 나의 마음은 떨렸다.

한참이 지난 나중에 생각해보니 그런 철저한 무대책의 현실은 하나님께서 나를 시험하고 단련하기 위해 주의 손으로부터 만들어 내신 상황이었다. 마치 광야의 한가운데와 같은 어려움과 막힘의 현실에서 하나님께서는 나와 나의 가족들을 지켜주셨다. "여호와는 너를 지키시는 이시라 여호와께서 네 오른쪽에서 네 그늘이 되시나니 낮의 해가 너를 상하게 하지 아니하며 밤의 달도 너를 해치지 아니하리로다 여호와께서 너를 지켜 모든 환난을 면하게 하시며 또 네 영혼을 지키시리로다"(시 121:5-7)

하나님께서는 우리의 모든 사정을 다 아시고, 필요한 것을 공급하시며, 언제나 함께 하시며, 그리고 종국적으로는 좋은 결과를 만들어 주셨다. 나와 나의 가족은 힘든 현실에 그대로 노출된 것 같이 생각되었지만, 사실은 변함없이 함께하시는 하나님의 지키심과 보호하심 안에 있었다. 이러한 일들을 많이 경험하면서 나는 무대책의 현실을 두려워하지 않게 되었다. 사람의 생각으로는 무대책이고 불가능한 현실이지만, 바로 거기에서 하나님은 보이지 않게 지키시고 또 일하시기 때문이었다.

이 시대의 성도들과 목회자들은 신앙의 축복을 참으로 많이 누려왔다. 그것은 분명히 그동안 수고해온 우리 교회의 신앙적 수고와 열심에 대한 하나님의 축복이라고 할 수 있다. 그러나 나는 여기에서 한 가지 의문을 제기하려고 한다. 오늘의 성도들과 목회자들은 현재 누리고 있는 모든 기득의 혜택이 다 없어진다 할지라도 지금까지 지켜온 신앙의 바른 모습을 그대로 유지할 수 있을 것인가? 우리는 진리를 파수하는 일보다도 더 부흥과 축복에 관심을 두지는 않을 것인가? 만일 세상에서 많은 혜택이 주어진다면 영혼이라도 팔수 있다는 그런 은밀한 결탁의 마음은 없다고 분명히 말할 수 있겠는가?

나는 그런 면에서 감사하게 생각한다. 왜냐하면 나는 원래 가진 것이 없기에 지켜야 할 것도 없기 때문이다. 만일 앞으로 내게 세상적 축복이 많이 주어진다 하더라도 그것들은 생활과 사역의 편의를 위해 제공되는 것일 뿐 영혼의 유익과는 관련이 없기 때문이다. 그래서 나는 그러한 것들을 지푸라기로 보려고 한다.

오늘의 이 시대에는 신앙과 양심을 지키며 바른 말을 할 줄 아는 정직한 종을 하나님께서 진정 원하신다고 나는 생각한다. 이것을 지키기 위해서라면 모든 것을 다 버려도 좋을 것이라고 나는 생각한다. 나는 감히 말하려 한다. 다른 모든 이들이 다 주를 버릴지라도 나는 주를 결코 버리지 않겠다고, 주께서 원하신다면 죽는 자리라도 마다하지 않겠다고 말이다.

세상을 감당하는 믿음의 훈련

ǀ 한인호 수필집 ǀ

발 행 일 ǀ 2019년 3월 15일
지 은 이 ǀ 한인호
발 행 인 ǀ 李憲錫
발 행 처 ǀ 오늘의문학사
출판등록 ǀ 제55호(1993년 6월 23일)
주　　소 ǀ 대전광역시 동구 대전로867번길 52(한밭오피스텔 401호)
전화번호 ǀ (042)624-2980
팩시밀리 ǀ (042)628-2983
전자우편 ǀ hs2980@hanmail.net
카　　페 ǀ cafe.daum.net/gljang(문학사랑 글짱들)
ǀ cafe.daum.net/art-i-ma(아트매거진)

공 급 처 ǀ 한국출판협동조합
주문전화 ǀ (070)7119-1752
팩시밀리 ǀ (031)944-8234~6

ISBN 978-89-5669-993-6
값 15,000원

* 이 책은 교보문고에서 eBook(전자책)으로 제작 · 판매합니다.
* 잘못 제작된 책은 바꾸어 드립니다.

이 도서의 국립중앙도서관 출판예정도서목록(CIP)은 서지정보유통지원시스템 홈페이지(http://seoji.nl.go.kr)와 국가자료종합목록시스템(http://www.nl.go.kr/kolisnet)에서 이용하실 수 있습니다.
(CIP제어번호 : CIP2019009856)